D1717755

Das ist genau mein Ding!

Das ist genau mein Ding!

Herausgegeben von
Meike Blatzheim und Beatrice Wallis

Dieses Buch ist auch als E-Book erhältlich
(ISBN 978-3-407-74507-1)

FSC
www.fsc.org

MIX
Papier aus verantwor-
tungsvollen Quellen
FSC® C089473

www.beltz.de
© 2014 Beltz & Gelberg
in der Verlagsgruppe Beltz · Weinheim Basel
Alle Rechte vorbehalten
Deutsche Originalausgabe
Neue Rechtschreibung
Umschlag und Innengestaltung:
Sehen ist Gold (Franziska Walther), Hamburg
Satz: Renate Rist, Lorsch
Gesamtherstellung: Beltz Bad Langensalza GmbH, Bad Langensalza
Printed in Germany
ISBN 978-3-407-75399-1
1 2 3 4 5   18 17 16 15 14

Inhalt

Wie willst du leben?   8

Auf dem Fußballplatz geht es ums Gewinnen
Interview mit Jakob, der für Schalke 04 spielt   11

Glückskind
Fee über eine unerwartete Liebe: den Poetry-Slam   17

Ich streite für eine Welt ohne Ausbeutung
Interview mit Elias, dessen Leben sich um die Politik dreht   26

Ganbatte heißt Mut machen
Maike über das Problem mit den Leidenschaften
und ihre neu entdeckte Japan-Begeisterung   40

Mein Büro ist in meinem Rucksack
Interview mit Conni, die als digitale
Nomadin durch die Welt zieht 48

Alle Bomben finden und krachen lassen!
Stefan hält den Vortrag seines Lebens 55

Mir geht es darum, die Menschen zu erreichen
Interview mit Davide, der mit seinem Flügel auf
den großen Plätzen der Welt spielt 63

Hoch hinaus
Helmar ist passionierter Highliner 70

Ich bin ein Survivor
Yahye liebt Hip-Hop 78

Menschen zum Nachdenken anregen – das ist ein Erfolg!
Sara setzt sich seit mehr als zehn Jahren für
Natur- und Umweltschutz ein 86

Ein Mensch an einem Zeichentisch kann eine ganze Welt erfinden
Interview mit Marijpol, die Comics zeichnet 94

Solo um die Welt
Laura segelte mit 14 Jahren um die Welt 100

Ab und zu nahm ich ein Tier auf – inzwischen sind es 120!
Interview mit Jana, die einen privaten
Gnadenhof betreibt 110

Zum Fußball um die Welt
Thomas sammelt keine Briefmarken,
sondern Fußballstadien 115

Wasser ist mein Element
Interview mit Quirin, der auf dem Münchner Eisbach surft   122

Leben jetzt!
Gerrit ist ein Zeitpionier   127

Ich lebe meinen Traum
Interview mit Lasse, der begeisterter Triathlet ist   135

Kostümspiele – unter Cosplayern
Fionna will ihre Lieblingsserien nicht nur konsumieren   141

Die Gemeinschaft ist mir wichtig
Interview mit Oskar, der klassische Musik liebt   149

Das Schreiben ist ein Traum
Helena und Sarah verbringen viel Zeit mit
dem Geschichtenerfinden   157

Besonders cool ist es, wenn Freunde die eigene App nutzen
Interview mit Lukas, der mit großem Spaß Apps entwickelt   165

Theater hautnah
Paul, Laura, Florian, Tabea und Johanna leben
ein Jahr lang fürs Theater   170

Ich darf das machen, was ich liebe
Interview mit Carlotta, die eine Ballettschule besucht   182

Die Kunst, deinen eigenen Weg zu gehen
Ben erfindet seinen eigenen Beruf   189

Aufhören
Leanne beschließt, mit dem Schwimmsport aufzuhören   197

Wie willst du leben?

Jeder Mensch hat etwas, das ihm besonders am Herzen liegt. Für manche ist es Musik, für andere Theaterspielen oder Geschichtenschreiben, wieder andere setzen sich für die Umwelt oder eine gerechtere Gesellschaft ein. Hast du auch schon mal gedacht: »Das ist genau mein Ding und ich will am liebsten nichts anderes mehr tun«? Gibt es die eine, besondere Sache in deinem Leben, um die sich alles dreht und in der du richtig, richtig gut werden willst?

Hier erzählen fast 30 Jugendliche und Erwachsene davon, wofür sie sich über alle Maßen begeistern. Herausgekommen sind dabei komplett unterschiedliche Geschichten von ganz unterschiedlichen Leidenschaften. In Bens Leben zum Beispiel lief zunächst alles nach Plan: super Abitur, Studium an einer renommierten Privatuni – bis er bemerkt, dass er den Traum eines anderen lebt. Er zieht die Notbremse, bricht das Studium ab und erfindet einen Beruf, der zu ihm passt. Maike wiederum dachte lange, sich für nichts so richtig begeistern zu können – bis sie die japanische Sprache für sich entdeckt. Laura weiß dagegen schon mit 14 Jahren ganz genau, was sie will: als Jüngste um die Welt segeln. Carlotta zieht als Jugendliche von Italien nach Deutschland, um eine berühmte Ballettschule zu besuchen, Conni gibt ihren Wohnsitz auf und reist als Bloggerin um die Welt. Helmar liebt das Highlinen, und Marijpol kann sich nichts Schöneres vorstellen, als Comics zu zeichnen.

Dass aber auch große Leidenschaften manchmal ein Hobby bleiben oder mal mehr und mal weniger Zeit in Anspruch nehmen, davon erzählen Sara, die sich für den Umweltschutz stark macht, Helena und ihre Freundin, die noch die Schule besuchen und nebenher schreiben, und Thomas, der in seiner Freizeit Fußballstadien »sammelt«. Für einige ist die Frage nach der Leidenschaft auch eine Frage der Lebenshaltung. Gerrit ist zum Beispiel Zeitpionier, er hat es sich zum Ziel gesetzt, sinnvoll mit Zeit umzugehen. Oder Elias, für den die Auseinandersetzung mit Politik und Gesellschaft elementares Thema des Alltags ist.

Die einen wissen schon früh, was sie wollen. Andere gehen viele Umwege, bis sie herausfinden, was sie glücklich macht. Es bleibt die Frage: Muss man alles geben, damit Träume Wirklichkeit werden? Und was passiert, wenn es einfach nicht klappt? Manchmal kommt trotz aller Begeisterung die Zeit, sich von großen Träumen zu verabschieden. Leanne hat das erlebt. In ihrer Jugend war sie eine talentierte Schwimmerin – und entschied irgendwann, mit dem Leistungssport aufzuhören. Manchmal stehen auch Hindernisse im Weg, wie bei Yahye, der gern von der und für die Musik leben würde, aber darum kämpfen muss, nicht abgeschoben zu werden.

Die Geschichten und Interviews in diesem Buch zeigen vor allem eines: Es gibt so viele Träume und so viele Möglichkeiten, diese zu leben, wie es Menschen gibt. Den eigenen Weg finden, das muss jeder für sich selber tun. Selbst wenn es nicht immer einfach ist, herauszufinden, was du wirklich willst, kann es ziemlich spannend sein. Also los, worauf wartest du?

Meike Blatzheim & Beatrice Wallis

Auf dem Fußballplatz geht es ums Gewinnen

Interview mit Jakob, der für Schalke 04 spielt

Wie bist du zum Fußball gekommen?

Der entscheidende Auslöser waren ein Paar Stollenfußball-schuhe, die ich von meinem Cousin bekommen habe. Damals war ich vier Jahre alt. Ich habe sowieso schon immer mit einem Ball herumgeschossen und mich nie richtig für Matchboxautos oder so interessiert. Jetzt hatte ich also richtige Fußballschuhe. Ich wollte sie gar nicht mehr ausziehen. Ich fand das Geräusch, das die Stollen machten, so toll.

Jeden Tag bettelte ich, doch in einem Fußballverein spielen zu dürfen. Schließlich hatte ich Erfolg und meine Eltern gingen mit mir zum ersten Training zu Eintracht Erle. Ich war viereinhalb Jahre alt, als meine Eltern mich dort anmeldeten. Von da an trainierte ich zweimal in der Woche auf Rasen und auf Asche!

Wie ging es dann weiter?

Als ich neun Jahre alt war, wechselte ich zur SG Wattenscheid 09. Und dann kam ich zur U13 bei Schalke 04! Zu dem Zeitpunkt war ich etwas mehr als zwölf Jahre alt. Ich spielte damals auch für die Schulmannschaft. Der Trainer dieser Schulmannschaft fand mich von Anfang an sehr talentiert und organisierte ein Probetraining bei Schalke 04 für mich. Ich war natürlich sehr nervös, habe mir aber meine Stärken vor Augen gehalten. Das Training hat mir sofort gefallen. Neu war für mich, dass man die Trainingsbälle gestellt bekam. Bei Wattenscheid hatte jeder seinen eigenen Ball, den er jedes Mal aufgepumpt zum Training mitbringen musste. Bereits nach dem ersten Probetraining kam mein damaliger Trainer zu mir und sagte, dass ich einen sehr guten Eindruck hinterlassen hätte und beim nächsten Training wieder Vollgas geben solle. Dann würde es für mich gut aussehen. Das machte mich natürlich sehr stolz. Beim nächsten Training habe ich wieder alles gegeben und war sehr zufrieden mit mir. Beim Abschlussspiel habe ich sogar gegen unsere Nummer eins im Tor ein Lupfertor gemacht. Das kam besonders gut an. Nach dieser Trainingseinheit hatten meine Mutter und ich ein Gespräch mit den Trainern. Ich war natürlich sehr nervös, hatte aber ein gutes Gefühl. Als mir der Trainer dann sagte, dass er sich freuen würde, wenn ich in der kommenden Saison in der U13 für Schalke 04 spielen würde, konnte ich es kaum fassen.

Ich hatte mein großes Ziel erreicht.

Ich kann mich noch gut an dieses Glücksgefühl erinnern. Meine Eltern waren natürlich auch sehr stolz. Zu Hause angekommen, habe ich erst mal meine Oma und einige Freunde angerufen.

Was begeistert dich so sehr am Fußball?
Fußballspielen bedeutet für mich eine Art von Freiheit. Wenn ich auf dem Fußballplatz stehe, vergesse ich alles um mich herum. In diesem Moment ist es egal, ob es in der Schule gut oder schlecht lief oder ob ich Streit mit einem Freund hatte. Auf dem Fußballplatz geht es nur ums Gewinnen, ums Toreschießen und ums Spaßhaben, wenn man neue Tricks ausprobiert. Ich zeige jedes Mal meine beste Leistung, sodass ich am Ende einer Trainingseinheit oder eines Spiels mit mir zufrieden sein kann.

Wie sieht dein Tagesablauf aus? Wie organisierst du Schule und Training?
Ich stehe um 6.30 Uhr auf. Ich besuche eine Sportklasse der Gesamtschule Berger Feld in Gelsenkirchen, wo ich auch wohne. Meine Schule liegt direkt neben dem Schalke-Gelände, sodass ich von hier aus zu Fuß zum Training gehen kann. Jeden Dienstag, Donnerstag und Freitag habe ich morgens zwei Schulstunden Training auf dem Schalke-Gelände bei meinen Trainern der U15. Dieses Training haben alle Jungs, die in der Sportklasse sind und bei Schalke spielen. Den Unterricht, den ich während dieser Zeit

versäume, hole ich dienstagnachmittags nach, wenn die anderen aus meiner Klasse einen kurzen Schultag haben. Meistens habe ich bis 15.50 Uhr Schule. Dann geht es nach Hause. Ich esse Mittag, mache Hausaufgaben und packe meine Fußballtasche fürs Training.

Um 17.05 Uhr fährt mich meine Mutter dann schon wieder zum Schalke-Gelände. Da wir in Gelsenkirchen wohnen, holt mich niemand vom Verein ab, sondern wir müssen die Fahrten selbst organisieren. Um 17.30 Uhr müssen wir in der Kabine sein und um 17.45 Uhr auf dem Fußballplatz. Dann fängt das Training an. Bis 19.45 Uhr wird trainiert. Mein Vater holt mich dann vom Training ab, sodass ich um 20.30 Uhr wieder zu Hause bin. Jetzt esse ich Abendbrot und packe meinen Schulrucksack für den nächsten Tag. Ich habe also viermal die Woche nachmittags Training und dreimal morgens im Rahmen einer Kooperation meiner Schule und Schalke 04.

Wie reagieren deine Umgebung, deine Freunde, deine Familie darauf, dass du bei Schalke spielst?

Da ich ja hier in Gelsenkirchen geboren bin, schlägt mein Herz seit meiner Geburt für Schalke. Mein Traum war es schon immer, für diesen Verein zu spielen. Ich bin stolz darauf, die Trainingsklamotten vom S04 tragen zu dürfen.

Wenn ich aus unserem Haus komme, um zum Training oder zu einem Spiel zu fahren, und meine Schalke-Sachen anhabe, schauen die Nachbarn mit Bewunderung.

Fast alle Menschen, die hier wohnen, sind Schalke-Fans oder irgendwie mit Schalke verbunden. Sie beneiden die Jungs, die bei Schalke spielen. Auch meine Freunde und Familienangehörigen finden es toll. Mein bester Freund Migel spielt auch bei Schalke 04, aber eine Mannschaft unter mir, da er sechs Wochen jünger ist als ich. Wir gehen aber in dieselbe Klasse, sodass wir uns da sehr viel über Fußball austauschen. Dadurch, dass die meisten Jungs aus meiner Mannschaft weiter weg wohnen und ich als Einziger aus Gelsenkirchen komme, bleibt kaum die Gelegenheit, sich mit ihnen zu treffen. Die wenige Freizeit lässt es kaum zu. Richtige intensive Freundschaften können da leider nicht entstehen, aber wir verstehen uns gut.

Wie kommst du mit dem Verzicht auf Freizeit zurecht?

Wenn man viermal in der Woche trainiert und dann noch auf eine Ganztagsschule geht, bleibt tatsächlich nicht viel Freizeit übrig. Denn dazu kommen ja noch die Fußballspiele am Wochenende. Klar verzichte ich häufig auf Kinobesuche oder andere Verabredungen mit Freunden, aber ich habe nicht das Gefühl, dadurch weniger Freunde zu haben. Viele meiner Freunde spielen auch Fußball und haben dasselbe Problem. Im letzten Jahr musste ich außerdem jeden Dienstag nach der Schule direkt zum Konfirmationsunterricht und von dort aus gleich weiter zum Training. An diesem Tag war ich dann immer 13 Stunden außer Haus.

Worauf bist du besonders stolz?

Darauf, dass ich es trotz meines sportlich gesehen ungünstigen Geburtsdatums zu Schalke 04 geschafft habe. Ich bin nämlich am 30.12.1999 geboren. Wäre ich nur zwei Tage später geboren, dürfte ich in einem Team darunter spielen. Dann wäre ich jetzt erst in der U14. Viele meiner Mannschaftskollegen sind schon im Januar geboren und damit fast ein ganzes Jahr älter als ich. Trotzdem habe ich mich damals beim Probetraining gegenüber den Älteren durchsetzen können. Und obwohl ich jünger bin als die anderen, bin ich der Viertgrößte in unserem Team.

Wir nehmen mit Schalke 04 an vielen Turnieren teil, sowohl national wie auch international. Im März 2013 flog mein Team zum Beispiel nach Katar in die Aspire Academy. Wir wohnten im bekannte »The Torch«-Hotel, wo auch schon viele Profimannschaften übernachtet haben. Hier nahmen wir an einem Turnier gegen einheimische und andere Mannschaften teil. Und im Dezember flogen wir nach Guadeloupe in die Karibik. Auch hier spielten wir ein Turnier. Solche tollen Ereignisse motivieren mich immer wieder neu.

Was möchtest du später beruflich machen?

Mein größter Traum ist es natürlich, Profispieler zu werden. Davon träumt wohl jeder Junge, der seit seiner frühesten Kindheit Fußball spielt. Aber der Weg dorthin ist schwierig. Ob es klappt, hängt von vielen Faktoren ab. Zunächst einmal muss man gesund bleiben, sodass man keinen Trainingsausfall hat oder die »Karriere« kein jähes Ende nimmt. Zum anderen habe ich auch schon festgestellt, dass man zur richtigen Zeit am richtigen Ort sein muss.

Toll ist es natürlich, als Profi viel zu reisen und mit vielen Menschen in Kontakt zu kommen. Es wäre ein Traum, mein Hobby zum Beruf machen zu können.

Wie kannst du dich bei Rückschlägen immer wieder neu motivieren?

Ich bin ein riesengroßer Schalke-Fan. Mein Traum war es immer, einmal für diese Mannschaft zu spielen. Gerade in dieser Saison war es für mich nicht immer einfach. Wir haben ein stark besetztes Mittelfeld und der Konkurrenzkampf ist hart. Wenn ich nicht zum Einsatz komme, bin ich natürlich enttäuscht und hätte lieber gespielt. Ich versuche aber auch dann, die Mannschaft vom Spielfeldrand aus zu unterstützen. Ich applaudiere bei guten Spielzügen und fiebere natürlich mit. Ein Sieg der Mannschaft steht an erster Stelle, auch wenn ich nicht spiele!

Jakob Helfer, 14, lebt in Gelsenkirchen und besucht die 9. Klasse der Gesamtschule. Er trainiert in der U15-Mannschaft des FC Schalke 04.

Glückskind

»Ich muss ein Glückskind sein!
Unter der Sonne geboren, dazu noch reich
beschenkt von einer guten Macht.«

Das hätte ich wohl gedacht,
wenn ich in diesem Augenblick zu denken
fähig gewesen wäre.
Doch als alles gleichzeitig geschah,
konnte ich nicht fassen, was das hieß,
geschweige denn einen klaren Gedanken fassen.

Es war ein Theatersommer.
Wir waren in der Oberstufe und schwebten über den Dingen.
Jeder Tag barg sonnige Stunden am Isarufer,
intensive Gespräche und das Potenzial, sich unendlich zu
verlieben.
Die Stadt gehörte uns und das wussten wir.
Wir schlenderten Eis essend durch die Straßen,
gingen abends in Stücke und nachts aus.
Wir waren die Szene, wenigstens dachten wir das.
Die Kulturempfänge, Theaterfestivals und Szenecafés der Stadt
waren unser Revier.
Dazwischen bemalten wir Lein- und Häuserwände,
sangen und improvisierten auf Laienbühnen.
Es passte in mein Leben wie sonst nichts, als eines am
Schwimmbecken dösenden Sonntagmorgens Nathalies SMS kam.
Ob ich schon mal was von einem Poetry-Slam gehört hätte,
einem modernen Dichterwettstreit, bei dem das Publikum ent-
scheidet, und ob ich mitkommen wolle.

Ich wollte.

Alles gefiel mir.

Wir saßen auf dem Boden des Clubs.

Von den Decken hingen Telefonhörer und Plastikfische, die Wände waren bemalt und wir schlürften Afri-Cola, während draußen die Leute anstanden, um reinzukommen.

Und dann begann der Slam.

Wörter türmten sich übereinander und zerfetzten den Raum, aus dem Mikrofon sprudelten Wortwitz und Sprachkunst, in meinem Kopf überschlugen sich die Bilder, Reime prasselten auf mich ein wie Schüsse, ich weinte und lachte Tränen, war geschockt, berührt und amüsiert.

Das Feuer war entzündet.

Es folgten Nächte auf Youtube, in denen ich mich von Slamvideo zu Slamvideo klickte,

kichernd schrieb und probte ich Textentwürfe mit meinen
Freunden,
zwischen Matheklausuren und Premieren dichteten wir zusammen und stellten uns vor,
irgendwann in diesem Club, auf dieser Bühne, vielleicht selbst zu
stehen.
Ohne diese Vorstellung zu konkretisieren, schrieb ich meinen
Namen auf die Liste,
die beim U20-Slam herumgereicht wurde und Workshops anbot.

Es kam der 11. Dezember 2012.
Die Schule war vorbei und vor lauter Studiumsanfang, Allein-
wohnen und Erwachsenwerden blieb vom Theatersommer
momentan nur noch ein süßlicher Nachgeschmack.
Ich war zweimal bei den Workshops gewesen, hatte Schreib-
und Performanceübungen gemacht,
und nun stand ich selbst auf der Bühne und sprach mein Gedicht
in die lauschende Stille.
Ich schaffte es auswendig ohne Textblatt und stand souverän
hinter dem Mikro.

Als ich die Bühne verließ, fühlte ich mich großartig. Ich wurde viertletzte.

Der zweite Auftritt kam und mit ihm mein erster Sieg.
Danach passierten die Dinge in scheinbar rasendem Tempo:
Ich besuchte weiter die Workshops, schrieb neue Texte über das,
was mich beschäftigte, und trug sie auf Münchens Bühnen vor,
bald auch zum ersten Mal in jenem Club.
Ich bekam Komplimente, von Zeit zu Zeit Siegersekt und Glück-
wünsche und irgendwann einen Anruf.
Der Poetry-Slam, den ich am häufigsten gewann, schickte mich
zu den Bayerischen Meisterschaften.
Die Tage dort waren ein einziges Rauschen von guten Momenten.

Es wurde geredet, gelacht und gefeiert,
vor mir standen die Helden aus den Youtubevideos und andere
junge Poeten,
die meine Leidenschaft teilten,
und wir alle umarmten uns und tanzten zusammen und jubelten
uns gegenseitig auf der Bühne zu.
Gleichzeitig konnte ich die Nervosität um mich herum und in
mir spüren und das war neu.
Auf keinem Slam hatte Gewinnen etwas bedeutet.
Dem Publikum, vielleicht.
Die klatschten und johlten ja auch für ihren Favoriten,
aber den Poeten war es gleich.
Jetzt aber mussten manche zweimal schlucken, um ihre Enttäu-
schung hinunterzuwürgen, während sich andere freudig in die
Arme fielen.
Ich war eine von ihnen, denn ich stand im Finale.
Danach hatte ich Kontakte geknüpft und mein Auftrittsradius
erweiterte sich.
Man lud mich ein, ich ging auf Tour, Poetry-Slam wurde ein
immer größer werdender Teil meines Lebens.

Im nächsten Sommer war schließlich der Moment, in dem alles
gleichzeitig geschah
und ich nicht zu denken fähig war.
Ich war auf den deutschsprachigen Meisterschaften der Unter-
zwanzig-Jährigen in Kiel.
Ich hatte mich qualifiziert und verbrachte die Woche mit siebzig
anderen Jungpoeten.
Weil ich genug damit zu tun hatte, alle kennenzulernen,
die Stadt zu erkunden und zu frohlocken,
blieb kaum Zeit, zu realisieren, dass ich mich durch Vorrunde
und Halbfinale gesprochen hatte
und jetzt im Finale stand.
Und die Zeit, die verblieb, nutzte ich, um mich ganz auf meinen

Ich bekam
Komplimente,
von Zeit zu
Zeit.

Auftritt zu konzentrieren.
Die Moderatoren nannten meinen Namen.
Zur Musik ging ich zum Mikrofon.
Mein Startplatz war gut, das Bühnenlicht passte zu meinem
Oberteil, der Saal war gefüllt.
Ich sprach die ersten Verse.
Und schon nach wenigen Worten merkte ich, dass ich sie hatte.

Ich hatte das Publikum an meinen Lippen.

Es herrschte vollkommene Stille und ich wusste, ich würde sie
führen und in meine Gefühlswelt mitnehmen und sie würden
mir folgen.
Diese Gewissheit gab mir zusätzlich Auftrieb.
Der Applaus war atemberaubend.
Und dann kam die Jurywertung, sie war ziemlich hoch.
Als der nächste Poet weniger Punkte bekam, war klar, dass ich
im Stechen sein würde.
In der Pause kamen Slammer und Slammaster und umarmten
mich, Freunde, die das Finale zu Hause im Fernsehen sahen,
schickten SMS mit Anfeuerungen und ich konnte es einfach
nicht fassen. Es war mir egal, was im Stechen geschehen würde,
Hinnerk sagte dasselbe, und nach unserem zweiten Auftritt
standen wir Hand in Hand hinter der Bühne und warteten auf
die Wertung für meinen Text.
Und dann geschah alles gleichzeitig.
Die Wertung erschien auf der Leinwand, der Jubel brach los,
Hinnerk zog mich auf die Bühne und drückte mich, mir wurde
der Siegergürtel umgelegt, die anderen Finalisten stürmten auf
die Bühne, die Zuschauer standen auf, Blitzlichtgewitter zogen
über mich her, Hände schüttelten meine, und minutenlang hielt
der Applaus an. Danach hüpften sämtliche siebzig anderen Slammer auf mich zu, zusätzlich Veranstalter und gefühlt der ganze
Saal und umarmten mich, irgendein Radiosender wollte ein
Interview und ich konnte immer noch nicht denken.
Wäre ich zu denken fähig gewesen, ich hätte gewiss gedacht:

»Ich muss ein Glückskind sein!
Unter der Sonne geboren, dazu noch reich beschenkt von einer
guten Macht.«

Jetzt sitze ich in einem Zug, das tue ich seit dem Sieg häufig.
Züge bringen mich im wahrsten Sinne des Wortes auf Touren
und oft genug auch ans Limit.
Ich verbringe Tage in Städten, von deren Existenz ich zuvor
nicht wusste,
und vermisse meinen Freund, Freunde und Familie dabei
schrecklich.
Für eine Woche auf Bühnen an fremden Orten lasse ich die Uni
ausfallen
und muss dann vor den Prüfungen besonders hart lernen.
Im Anschluss an Auftritte erlebe ich die besten Partys
und komme dann mit schwarzen Augenringen und Schlafmangel
zurück.

Ich reise oft mit einer Gruppe wortgewandter Quatschköpfe herum und sehne mich dann nach einem ruhigen Gespräch mit Stottern und Wortlosigkeit.

Ich darf noch ausprobieren und einen festen Stil suchen
und glaube dann, meine guten Texte waren nur Zufallstreffer.
Bei großen Veranstaltungen oder Galen werde ich bezahlt
und habe manchmal Angst, das Geld nicht wert zu sein oder zu
enttäuschen.
Die Leute sehen sich Videos von meinen Auftritten an
und manchmal kränkt mich dann ihre Kritik.
Wir durchleben jedes Mal den Wettbewerb mit Bewertung und
Siegern
und manchmal vergesse ich dann, dass es nicht um den Wettbewerb geht.

Ich hatte so viel Glück, alles ging schnell,
und dann fürchte ich mich davor, abzuheben, oder davor, dass
alles genauso schnell vorbei sein könnte.

Zwischendurch kommt all das zusammen und dann denke ich,
ich muss aufhören.
Was dann hilft, sind Gespräche,
die mich ermutigen.
Was hilft, sind gute Freunde und tolle Menschen,
die ich durch das Slammen kennengelernt habe und die jede
Reise wert sind.
Was hilft, ist jemand,
der sich zu Hause auf mich freut.
Was hilft, sind Zuschauer,
die ehrlich berührt und inspiriert durch mich sind.
Was hilft, sind Träume und Ziele,
die so weit weg sind, dass es keinen Grund zum Abheben gibt.
Was hilft, ist das Gefühl,
wenn ein neuer Text ausdrücken kann, was ich zu sagen habe.
Was hilft, sind Menschen und Beschäftigungen,
die nichts mit Poetry-Slam zu tun haben.
Was hilft, ist Poetry-Slam selbst,
denn das Feuer brennt seit meinem ersten Slam in jenem
Münchner Club.
Und noch immer gibt es die Momente,
in denen ich atemlos anderen Poeten lausche,
in denen ich Tränen lache und weine,
in denen mir schwindlig wird vom Sturm der Worte.

Aus meinem Theatersommer ist das herrliche Leben geworden.
Wahrscheinlich geht es nicht ewig so weiter.
Wahrscheinlich.

Vielleicht wird es aber auch mein Beruf und ich schreibe Bücher
und reise für immer durch Deutschland.
Vielleicht verbringe ich irgendwann jeden Abend auf Bühnen.
Vielleicht bin eines Tages ich die,
die das Feuer in jemandem entzünden darf.
Ganz sicher aber hat der Poetry-Slam mich in meinem Leben
weitergebracht,
ich habe viel gelernt und lerne noch immer,
über mich, über die Macht der Sprache, über Kunst und über
Menschen.

In diesem Moment kann ich wieder klar denken.
Und ich denke:
»Ich muss ein Glückskind sein.«

Die Münchner Poetin Fee, 20, hatte ihren ersten Auftritt bei einem Poetry-Slam im
Dezember 2012. Seither tritt sie regelmäßig im gesamten deutschsprachigen Raum
auf und wurde zuletzt deutschsprachige U20-Meisterin. Sie studiert in München
Germanistik und evangelische Theologie auf Lehramt.

Ich streite für eine Welt ohne Ausbeutung

Interview mit Elias, dessen Leben sich um die Politik dreht

Es gibt etwas, das dich besonders bewegt, das dir sehr wichtig ist. Was ist das? Was genau machst du?

Ich bin ein junger Mensch, der es nicht mit seinem Gewissen vereinbaren kann, mit anzusehen, wie ständig das Gemeinwohl übergangen wird zugunsten der Profitmaximierung einer Minderheit. Die größer werdenden sozialen und ökologischen Probleme hierzulande und das Ausmaß der globalen Ungerechtigkeit lassen mir keine andere Wahl, als widerständig zu sein.

Ich streite für eine Welt ohne Ausbeutung von Mensch und Natur, also gegen das kapitalistische System, das zusätzlich durch stärker werdendes Konkurrenzdenken, Nationalismus und Rassismus die Menschen spaltet und gegeneinander in Stellung bringt, obwohl sie mehrheitlich gleiche Interessen haben. Bei meiner Kritik an den bestehenden Verhältnissen habe ich insbesondere die Ursachen und Zusammenhänge im Blick und die Frage, wer von was profitiert.

Für mich hat jeder Mensch das Recht auf ein Leben in Würde und gleichberechtigte Teilhabe an der Gesellschaft, egal, woher er kommt, welche Hautfarbe er hat, wen er liebt, ob er körperlich eingeschränkt ist oder welcher sozialen Herkunft er ist. Damit das gelingen kann, müssen Menschen politischen Druck erzeugen und für ihre Interessen kämpfen. Ich bin deshalb in verschiedenen politischen Bewegungen und Organisationen konstruktiv und kritisch-solidarisch aktiv. Mein Engagement ist vielfältig und erstreckt sich von Demonstrationen und anderen Protestformen über politische Aufklärung mit und unter Jugendlichen sowie das Verfassen politischer Texte bis zur Mitarbeit in lokalen Bündnissen und der Linksjugend solid sowie der Partei »Die Linke«. Ich glaube allerdings nicht, dass eine Partei allein die nötige Veränderung bringen kann, das geht nur mit einer starken außerparlamentarischen Bewegung. Gewaltverzicht ist für mich selbstverständlich, das sei nur der Vollständigkeit halber erwähnt.

Natürlich versuche ich auch selbst die Veränderung zu sein, die ich in der Welt sehen will, und bin bemüht, ein bewusstes Konsumverhalten an den Tag zu legen und alles in meinem Einflussbereich Stehende positiv zu verändern. Besonders liegen mir die Demokratisierung aller Lebensbereiche und ein sozial-ökologischer Wandel hin zu mehr Gerechtigkeit am Herzen. Ich stehe auf der Seite derjenigen, die sonst nicht gehört werden und die die schwächsten Glieder unserer Gesellschaft sind, wie zum Beispiel sozial abgehängte Menschen oder Flüchtlinge, denn mir lässt es keine Ruhe, wenn es anderen schlecht geht.

Ich will deutlich machen, dass ein Wandel gelingen kann, wenn man sich gemeinsam mit anderen für seine Interessen einsetzt.

Ich streite mit positiver Energie für eine solidarische, tief greifend demokratische Gesellschaft und Welt im Einklang mit der Natur, in der die Menschen und ihre Interessen im Vordergrund stehen und keiner in Armut leben muss.

Ich könnte noch vieles mehr aufzählen, aber ich glaube, es wird deutlich, was mich bewegt und auf jeden Fall ein ganz wichtiger Teil meines Lebens ist.

Wie bist du zu deinem politischen Engagement gekommen? Was daran begeistert dich so sehr und macht dir so viel Spaß?

Es ist schwierig, einzelne Gründe herauszusuchen, wie ich zu meinem politischen Engagement gekommen bin, weil sicherlich die Gesamtkonstellation entscheidend war und der Prozess stetig. Aber mein ausgeprägtes Gefühl für Recht und Unrecht, mitfühlendes Denken und das Interesse für die Lage anderer sowie meine frühe Politisierung durch Umweltthemen wie Atomkraft, Landwirtschaft,

Tierhaltung, Gentechnik, Autobahnbau, die von mir mittlerweile nie ohne die soziale Komponente gedacht werden, waren sicherlich wichtige Faktoren.

Seitdem ich lesen kann, habe ich ein großes Interesse an dem, was in der Welt geschieht.

Schon früh habe ich zusammen mit anderen ein »Greenteam« gegründet und bin aus eigener Motivation bei kleineren Protestaktionen gegen einen Autobahnbau oder gegen Gentechnik in der Landwirtschaft dabei gewesen. Danach war ich noch weitere Male bei Demonstrationen. Ab dem Jugendalter und mit dem Blick für größere Zusammenhänge sowie einem größer werdenden Wissensschatz konnte ich einfach nicht anders, als zu versuchen, die Verhältnisse zu verändern – und ging regelmäßig auf die Straße. Ich hatte mich selbst ermächtigt, war eine eigene Persönlichkeit und richtig politisch aktiv geworden und hinterfragte vieles, was so selbstverständlich war, und überlegte, wie es anders ginge – bis heute! Mich treibt an und begeistert gleichermaßen, wie durch unermüdlichen Einsatz Stück für Stück eine Veränderung zum Guten zu erreichen ist.

Auch wenn mein politisches Engagement kein Selbstzweck ist, so bringt es neben Ärgernissen auch ganz viel Spaß mit sich, weil gerade in den politischen Bewegungen, denen ich mich zugehörig fühle, eine wunderbare Solidarität untereinander und ein bestärkendes Zusammengehörigkeitsgefühl die Regel ist.

Wie viel Zeit verbringst du auf Demonstrationen, bei Gruppentreffen etc.? Hast du noch Zeit für andere »Hobbys« oder dafür, einfach nur Freunde zu treffen?

Demonstrationen und andere Veranstaltungen sind für mich besondere Termine, aber längst nicht alles. Ein Großteil meiner Beschäftigung findet bei mir noch zu Hause statt, indem ich lese und mir Wissen über Politik, politische Theorie, Gesellschaft und Geschichte aneigne.

Mein Hobby Fußball ist mir wichtig, weil ich so einfach mal unter andere Leute komme und viel über andere Menschen und ihre Lebensweise lernen kann. Natürlich ist es auch hilfreich, um auf andere Gedanken zu kommen und den Kopf einfach mal frei zu bekommen. Das Musizieren ist eine weitere Leidenschaft von mir. Mit meiner Hobby-Imkertätigkeit verschaffe ich mir weiteren Ausgleich und süßen Honig. Das Wesen Biene fasziniert mich und es ist fantastisch, Bienen über das Jahr zu begleiten. Manchmal stehe ich auch einfach nur vor dem Kasten und habe den Gedanken, wie es wäre, wenn jeder Staat bzw. jede Gemeinschaft so gut funktionieren könnte. Leider wäre das auf unsere Gesellschaft bezogen dann eine Monarchie ohne geschlechtliche Gleichberechtigung, ohne Selbstbestimmung und mit starken Hierarchien, die auf Sozialdarwinismus beruht, also alles andere als das, was ich möchte.

Einfach nur Freunde zu treffen geschieht bei mir allein schon aufgrund ihrer Entfernung zu meinem Wohnort eher selten und ist dann auch etwas besonders Schönes. Einfach mit Freunden abhängen und chillen wäre auch nicht so mein Ding, auch wenn ich wichtig finde, dass Jugendliche die Möglichkeiten dazu haben, sprich Zeit und geeignete Möglichkeiten wie Jugendtreffs und andere öffentliche Einrichtungen. Ich persönlich brauche aber im Alltag viel zu tun, zumindest in dieser Phase meines Lebens.

Wie sieht dein Alltag aus, wie organisierst du ihn? Gehört das Engagement in verschiedenen Gruppen immer gleich dazu?

Mein Alltag ist bis jetzt zum Abitur natürlich stark von der Schule geprägt gewesen. Trotzdem bin ich mehrmals im Monat an Wochenenden bei Demonstrationen, aber auch bei Kongressen und anderen Versammlungen, um mich mit anderen zu vernetzen und auszutauschen und mich auch theoretisch fortzubilden. Ich bin bemüht, so viel wie möglich neben der Schule und anderen Hobbys, wie Sport, Imkerei und Musik, zu lesen und mich selbst zu bilden. Ich versuche, täglich vier Tageszeitungen zumindest etwas zu lesen, und studiere ansonsten gerne noch Bücher, Magazine und interessante Studien. Es hängt auch immer davon ab, was in der Schule, bei meinen Hobbys und politisch ansteht, und je nachdem setze ich dann auch meine Prioritäten. Zuletzt war sicherlich die Schule höher angesiedelt, aber an und für sich hat sich alles immer abwägend ergeben.

Weil ich ziemlich ab vom Schuss wohne, war das kontinuierliche Engagement in verschiedenen Gruppen bisher nicht möglich, aber ich habe viele politische Weggefährtinnen und Weggefährten ohnehin im Alltag in meinem Umfeld. Das Engagement in festen Gruppen gehört nicht immer unbedingt gleich dazu, weil man bei sich und seinem eigenen Umfeld schon genug zu tun haben kann. Grundsätzlich ist es aber schon zu empfehlen, sich einer Gruppe anzuschließen und sich Rückhalt zu suchen. Zusammen kann man mehr Kraft und Einfluss gewinnen, bekommt politische Relevanz und ist nicht so leicht angreifbar, wenn man öffentlich in Erscheinung tritt. Natürlich kann man auch viel lernen von älteren Aktiven oder aber man baut eine ganz eigene Gruppe auf.

Was sagt deine Familie, was sagen deine Freunde zu deinem politischen Aktivismus?

Ich habe relativ viele ähnlich gesinnte Mitschülerinnen und Mitschüler.

Ich erfahre viel Anerkennung, die manchmal auch mit Unverständnis dafür verknüpft ist, wie ich mich so intensiv und so dauerhaft mit Politik beschäftigen kann.

Es scheint also für manche meiner Mitschülerinnen und Mitschüler nicht begreiflich, was daran reizvoll und spaßig ist, vielleicht auch, weil für mich Politik viel mehr ist als Parlamentarismus und austauschbare Sonntagsreden. Es gibt einiges, was aber nicht auf alle zutrifft, das ich an ihnen unverständlich finde. Bei manchen frage ich mich, ohne dass ich ihnen das unbedingt persönlich vorwerfen kann, wie man so ein geringes Bewusstsein für Interessen-

Grundsätzlich ist es zu empfehlen, sich einer Gruppe anzuschließen.

gegensätze haben kann. Auch manche leicht dahergesagte Diskriminierung, die als Spaß abgetan wird, ist mir unbegreiflich, weil so unreflektiert.

Immer wieder wundert es mich, wie schnell sich manche unterordnen, sobald jemand in einer Sache mehr zu wissen scheint; das hat mir auch immer wieder zu schaffen gemacht, weil ich offen bin für leidenschaftliche Debatten und mir Meinungsvielfalt viel bedeutet. Uns allen könnte ich vorwerfen, dass wir uns noch zu viel gefallen lassen und die eigene Stärke noch so oft unterschätzen.

Allgemein finde ich es aber fast unfassbar, wie in einer Klasse so viele kritisch hinterfragende und politisch einigermaßen aufgeklärte Menschen sein können wie in meiner Klasse.

Meine Familie hat mich meinen eigenen Weg gehen lassen und mich im Großen und Ganzen unterstützt. Freundinnen und Freunde von mir sind eigentlich alle ein bisschen anpolitisiert, manchmal auch durch mich, und andere auch politisch aktiv. Andere Jugendliche, mit denen ich bei meinen Hobbys zu tun habe, können eher wenig mit meinem Engagement anfangen, interessieren sich nicht besonders dafür und beschäftigen sich wenig mit dem politischen Geschehen, das auch auf ihr Leben Einfluss nimmt. Ihre Haltung ist quasi passiv.

Gibt es Dinge, auf die du verzichtest, weil es sich z. B. zeitlich nicht vereinbaren lässt?

Ich habe nicht das Gefühl auf etwas verzichten zu müssen: Ich habe ein vielseitiges Leben, lerne viele Orte und die verschiedensten Menschen und Interessenbereiche kennen, bin in einer tollen Gemeinschaft; was will man mehr?

Ich folge wirklich einfach meinem Herzen sowie meinem Verstand und tue das, was ich für nötig halte und was nebenbei noch Spaß macht.

Wenn irgendwann der Tag kommen sollte, an dem ich das als eine Last oder dergleichen empfinde, würde ich aufhören.

Manchmal vermisse ich allerdings die kontinuierliche Eingebundenheit in größere, städtische politische Strukturen und die damit verbundene Spontaneität und die Möglichkeiten für Aktionen und Organisierung. Andererseits wäre dann vieles stressiger, ich würde auf noch mehr Hochzeiten tanzen, ich könnte weniger Impulse mit dem Blick von außen hineintragen, und an so viel Lesen wäre auch nicht mehr zu denken. Ich glaube, dann bestünde tatsächlich die Gefahr, dass ich zu einseitig werden würde.

Würdest du dich in der Absolutheit, mit der du dich für Dinge einsetzt, als »extrem« oder »radikal« bezeichnen?

Um diese Frage zu beantworten, muss unbedingt erst mal die eigentliche Bedeutung von so inflationär und gleichbedeutend benutzten Begriffen wie »radikal« und »extrem« geklärt werden.

Radikal meint die grundlegende Veränderung von gesellschaftlichen und politischen Problemen und leitet sich vom lateinischen Wort »radix« (Wurzel) ab, weil Probleme eben an der Wurzel und damit nachhaltig gelöst werden sollen. Mit dieser eigentlichen Bedeutung von »radikal« kann ich mich bestens anfreunden. Trotzdem würde ich immer erst jemand anderen zurückfragen, was er unter radikal versteht, wenn er mich fragt, ob ich radikal bin. Denn viele verstehen aufgrund der staatlichen und medialen Gleichsetzung von Radikalismus und Extremismus unter Radikalismus etwas anderes: die Ablehnung von demokratischen Werten und Gewaltbereitschaft. Damit kann ich mich nicht identifizieren.

»Extrem« meint die äußerste Abweichung von einer vermeintlichen politischen Mitte. Abgesehen davon, dass es genauso Mitte-Extremismus gibt, finde ich den Extremismusbegriff zweifelhaft, weil er alles von der »Mitte« Abweichende illegitimiert, und lehne die staatliche Extremismus-Doktrin ab, weil sie auf die Gleichsetzung von Rechtsextremismus mit vermeintlichem Linksextremismus abzielt. Das ist nicht nur unwissenschaftlich, weil sich sogenannter »Linksextremismus« bisher noch nicht zufriedenstellend und allgemeingültig auf einen Nenner bringen ließ; ich halte diese Gleichsetzung sogar für sehr fatal, historisch ignorant und moralisch pervers,

weil meistens gerade diejenigen, die sich für echte statt kapitalistischer Demokratie einsetzen und die Zivilcourage zeigen, wenn sie beispielsweise Naziaufmärsche blockieren, als »Linksextremisten« abgestempelt werden. Besonders widerlich finde ich, dass sogar Holocaustüberlebende und ihre Vereinigungen immer wieder vom vermeintlichen »Verfassungsschutz« mit »Linksextremismus« in Verbindung gebracht werden, wo doch von ihnen alles andere als eine Gefahr für die Demokratie ausgeht, im Gegensatz zur offensichtlichen Verstrickung des »Verfassungsschutzes« in Nazimorde.

Wenn eine Ablehnung des kapitalistischen Wirtschaftssystems, das Streben nach mehr Demokratie und die Vernichtung der Wurzeln des Faschismus ausreichen, um als »Linksextremist« verunglimpft zu werden, obwohl das alles mit dem Grundgesetz vereinbar ist, so stellt sich die Frage, wem der Extremismusbegriff nützt und ob so viele Menschen, die diese Ziele teilen, so falsch liegen können. Ich bin also insofern »extrem« oder »linksextrem«, als ich mich extrem gewaltverzichtend sowie extrem solidarisch gegen extremistische Auswüchse wie Kriege, Militarisierung, Sozialraub, Unterdrückung und Umweltzerstörung einsetze.

Aber eigentlich kann man den Extremismusquatsch auch gleich sein lassen und sollte lieber danach urteilen, wie ernst es jemand mit Demokratie, Menschenwürde usw. meint. Von daher werde ich nicht aufhören, legitime Dinge zu tun, nur weil sie der Staatselite nicht genehm sind, die sie mit dem Totschlagargument »Extremismus« zu unterdrücken versucht.

Ich selbst wurde, glaube ich, noch nie von Auge zu Auge als »Extremist« bezeichnet, was die Anerkennung und Akzeptanz meines Handelns unterstreicht, auch wenn nicht alle den Weg des konstruktiven Widerstands gehen, wie ich es versuche. Es zeigt, dass eigentlich viele so denken. Einzelne Aussagen oder Forderungen von mir werden zwar mal als radikal beurteilt, aber damit habe ich kein Problem, weil radikal sein wie gesagt nichts Schlechtes ist, sondern einem ganzheitlichen Ansatz entspricht.

Zu Demonstrationen oder Aktionen bist du oft auch mehrere Tage unterwegs. Was waren ganz besondere Erlebnisse auf solchen Touren?

Ja, das stimmt, ich bin öfter mal mehrere Tage unterwegs. Auch wenn mir eine Auswahl selbst der besonderen Erlebnisse noch schwerfällt, war der Atommülltransport im Herbst 2011 ins Wendland auf jeden Fall eines der Highlights.

Ich war noch minderjährig und mehrere Tage mit einem sehr schweren Rucksack bepackt auf einem alten Fahrrad, bei dem Licht und Reifen kaputt waren, im Wendland unterwegs.

Während der Räumung meiner ersten Schienenblockade durch die Polizei habe ich auch noch zu allem Überfluss meine einzige vertraute Bezugsperson verloren. Außer einem bisschen Gedöse an den Feuern neben der von Tausenden Menschen besetzten Bahnschiene habe ich bei Temperaturen nicht weit vom Gefrierpunkt entfernt nur kurz vor einer Garage geschlafen, ehe ich an zwei weiteren Schienenblockaden teilgenommen habe. Zum Schluss, zur Blockade einer Straße unweit von Gorleben, wurde ich von einem Wald-und-Wiesen-Bulli transportiert, dessen Fahrer trotz der ganzen blockierten und gesperrten Straßen im Wendland und der Tausende Polizisten Schleichwege zum Ziel gefunden hat. Dieses Know-how hat die Polizei nicht. Dort angekommen, werde ich nie vergessen, wie jemand mit Kuhmaske, in einem kleinen gebauten Holzgatter neben der Straße, an dem selbst gemalte Schilder mit der Aufschrift: »Achtung, wilder Bulle« hingen, der Polizei ihr teils gewalttätiges Vorgehen gegen friedliche Demonstranten vorgehalten hat. Letztendlich wurde unser Teil der Blockade, obwohl sich manche in auf die Straße gebrachtes Geäst gesetzt hatten, von der Polizei friedlicher geräumt als die reine Sitzblockade.

Die unglaubliche Solidarität und das Zusammengehörigkeitsgefühl im Wendland haben mich schon immer beeindruckt.

Gefühlt jeder Mensch trägt dort seinen Teil zum Widerstand bei: ob Privatleute, die ihre Garagen zum Aufwärmen und Schlafen zur Verfügung stellen; Volxküchen, die immer und überall Menschen mit wärmenden Speisen versorgen, oder Bauern, die alles, was sie an Landmaschinen haben, blockierend auf die Straße stellen, und viele andere mehr. Die Protestinfrastruktur im Wendland dürfte einmalig sein.

Ganz besonders waren auch die Erlebnisse bei Blockupy 2012 in Frankfurt, den Protesten gegen die europäische Krisenpolitik. Im Vorfeld waren fast alle Demonstrationen und Veranstaltungen aufgrund willkürlicher Gefahrenprognosen verboten und demokratische Grundrechte einfach außer Kraft gesetzt worden. Als ich zusammen mit anderen in Frankfurt ankam, wurden wir von einem großen Polizeiaufgebot in »Empfang« genommen, bekamen einfach mal für ein paar Tage ein Stadtverbot auferlegt, nur weil wir von unserem Grundrecht auf Demonstration Gebrauch machen wollten, und wurden durchsucht. Natürlich hatten wir nichts Verbotenes dabei, aber es wurde trotzdem lächerlicherweise einfach mal eine kleine Fahne beschlagnahmt und zu allem Überfluss auch noch originalverpackter Traubenzucker, denn dabei könne es sich ja um Rauschgift handeln ... Letztendlich haben wir uns aber nicht von diesen Repressionen einschüchtern lassen und uns trotzdem an einer großen, ausnahmsweise sogar erlaubten Demonstration beteiligt und zusammen mit 25.000 anderen demonstriert.

Auf welchen Widerstand, welche Probleme stößt du oder bist du gestoßen?

Auf richtigen Widerstand bin ich nicht gestoßen. Ältere meinen manchmal, alles besser zu wissen und vorhersagen zu können, dass sich der rebellische Geist im Laufe des Lebens legt, und es gibt auch welche, die einem den Idealismus ausreden wollen. Das halte ich für grob falsch, zumal das meistens auch noch »Konservative« oder »Liberale« sind, die ja eigentlich immer realitätsfern behaupten, jeder sei allein seines eigenen Glückes Schmied. Auch wenn sich Denk-, Sicht- und Ausdrucksweisen im Lebenslauf verändern, so gibt es, glaube ich, kein Naturgesetz, das besagt, dass man zwangsläufig zunehmend angepasster und unkritischer dem Leben gegenübersteht. Und ohnehin ist es für den Fortschritt einer Gesellschaft wichtig, dass junge Menschen eigene Erfahrungen machen können, denn wir müssen die Zukunft gestalten.

Problematisch kann es sein, wenn man seine Leistungsgrenze nicht kennt und sich kräftemäßig zu sehr verausgabt.

Eine Herausforderung ist immer wieder, sich von negativen Dingen nicht selbst die Kraft rauben zu lassen und nicht alles schlecht zu sehen.

Es geht mir schon öfter so, dass ich für Anerkennung mehr tun muss als andere, aber das stärkt mich nur und vor allem meinen

Ehrgeiz. Den Weg der Anpassung zu gehen und anderen nach dem Mund zu reden kommt für mich nicht infrage und ist erst recht nicht mit meinem Veränderungswillen vereinbar.

Die Sorge, Schwierigkeiten bei der Jobsuche zu haben, wäre sicherlich nicht ganz unberechtigt. Für mich steht aber fest, dass ich ohnehin keinen Finger krümmen würde für jemanden, der Probleme mit meinem Engagement für eigentlich selbstverständliche Dinge hat. Ich tue einfach weiterhin das, was ich für richtig und notwendig halte, auf alles Weitere habe ich keinen Einfluss und das leitet mich auch nicht.

Was ist deine größte Motivation, um bei der Sache zu bleiben?

Trotz kleiner Erfolge und positiver Veränderungen ist die Gesamtsituation der Menschen und des Planeten überhaupt nicht so, wie es bestmöglich sein könnte und müsste.

Ich kann nicht einfach hinnehmen, dass Hunderte Millionen Menschen ein elendiges Dasein fristen und dagegen sehr wenige auf Kosten der Mehrheit und unser aller Zukunft in Saus und Braus leben.

Nicht mal die Richtung der globalen Entwicklung und der Gesamtentwicklung bei uns stimmt, momentan scheint vieles sich sogar noch zu verschlimmern, besonders wenn man auf Demokratieabbau durch Wirtschaftsmacht multinationaler Konzerne und Lobbyismus, Aufrüstung und Militarismus sowie auf das Erstarken rechter und faschistischer Parteien schaut. Das ist und bleibt eine große Motivation für mich, um bei der Sache zu bleiben. Nicht zu vergessen ist mein immer wieder bestätigter Glaube daran, dass Veränderung möglich ist und es sich lohnt, sich für seine Interessen, die auch die von vielen anderen sind, einzusetzen.

Ich denke mir auch, jetzt, wo man schon weiß, dass es so nicht weitergehen kann, wenn man eine Zukunft für die Menschheit auf diesem Planeten haben will, möchte ich wenigstens die Entwicklung zusammen mit vielen anderen in die richtigen Bahnen lenken und echte Demokratie erreichen, in der sich das Gemeinwohl und die Menschlichkeit durchsetzen.

Elias, 19, ist auf einem Biohof in der Südheide aufgewachsen und seit der Jugend verstärkt politisch engagiert. Nach dem Abitur will er für ein Jahr ins Ausland gehen und dort einen Freiwilligendienst absolvieren.

Ganbatte heißt Mut machen

Maike über das Problem mit den Leidenschaften und ihre
neu entdeckte Japan-Begeisterung

Es gibt Menschen, die schon in ihrer Kindheit oder Jugend lange
währende Leidenschaften für Tätigkeiten oder Dinge entwickel-
ten. Ich hingegen habe viele Sachen ausprobiert und alles irgendwann wieder aufgegeben. Vermutlich, weil ich nicht schnell genug
bedeutsame Erfolgserlebnisse hatte. Es ist nicht immer leicht, jene
Dinge zu finden, für die man brennt.

Ich tanzte als Kind Ballett, ich spielte erst Blockflöte, dann zwei
Jahre lang Geige und später ein bisschen Gitarre. Wenn ich mir
vornahm, einen Pullover zu stricken, so wurde daraus meist nur ein
zu kurz geratener Pullunder. Mal abgesehen von diversen schiefen
Röckchen und Mützchen für die Monchhichis habe ich in meinem
Leben genau drei Kleidungsstücke genäht: eine blau-weiß karierte
Kochschürze und ein pinkfarbenes Ensemble, bestehend aus bauch-
freiem Oberteil und engem Rock, um Madonna zu imitieren.

Ich versuchte mich wenige Wochen lang darin, fotografieren zu
lernen, samt dem Erstellen von Schwarz-Weiß-Abzügen, weswegen
ich gern einmal für mehrere Stunden das Bad meiner Kölner Wohngemeinschaft okkupierte. Das Equipment zieht seither mit mir von
Stadt zu Stadt, weil es einem Menschen gehörte, der mittlerweile
nicht mehr lebt und an dem ich sehr hing.

Ich fing an, für den Turniertanz zu trainieren, scheiterte aber
an den hohen Ansprüchen meines damaligen Tanzpartners, der
bereits Profi war. Ich ging in den Tennisclub und war im Bad-
mintonverein. Ich hatte Unterricht für Stepptanz und war schon
Mitglied in mindestens zehn Fitness-Studios. Mühe beim Skifahren
gab ich mir erst mit 17, als ich in einen Jungen verliebt war, der
eine Skilehrer-Ausbildung hatte. »Alle haben ein Hobby, nur du
nicht!«, warf mir meine Mutter da schon mal vor. Dann stellte ich
mich kurz infrage und legte mich wieder ins Bett, um zu lesen.

Das war vermutlich das Einzige, für das ich mich kontinuierlich interessierte.

Vor mehr als einem Jahrzehnt las ich in einer Zeitschrift einen Artikel über das Bloggen und kurze Zeit später hatte ich auch ein Blog. Es bestand noch aus manuell gepflegten HTML-Seiten, die ich jeden Tag aktualisierte, aktualisieren musste! Das Blog war meine erste selbst gebaute Webseite.

Über viele Jahre hinweg war das Bloggen ein grundsätzlicher, notwendiger Bestandteil meines Lebens.

Tage, an denen ich nicht gebloggt hatte, fühlten sich falsch an. Mittlerweile sind Blogs nichts Außergewöhnliches mehr und zwischenzeitlich hatte ich sogar mehrere Jahre lang beruflich sehr viel damit zu tun. Aber die Dringlichkeit, bloggen zu müssen, verspüre ich leider nicht mehr so häufig, vor allem nicht in meinem privaten Blog. Das stimmt mich manchmal traurig, aber ich ändere dennoch nichts daran. Meine Passion ging nach und nach verloren – und es kam keine neue nach.

Es war nichts mehr da, für das ich mich nicht nur interessierte, sondern für das ich brannte. Etwas, mit dem ich mich unbedingt beschäftigen musste, sogar wenn ich total müde und erschöpft war. So leer und unausgefüllt guckte ich anderen dabei zu, wie sie sich für Dinge begeisterten: Anke, die mit Hingabe angefangen hat, Geschichte zu studieren, oder Caro, die sich mit Leidenschaft dem Bikram-Yoga widmet und sich gerade endlich ihren Traum erfüllt, in L.A. eine dreimonatige Bikram-Teacher-Ausbildung zu machen. Ich beneide (in a good way) Anne und viele andere feministische

Aktivistinnen für die Leidenschaft und Klarheit, mit der sie ihre Ziele verfolgen. Was nicht bedeutet, dass ich mich nicht auch für diese Dinge einsetze, nur nicht mit jener Ausdauer, die man braucht, um etwas richtig gut zu machen.

Außerdem gibt es in meinem Umfeld Frauen, die gerade programmieren lernen. Das finde ich großartig – es ist aber auch nichts für mich. Während meiner Zeit als Webdesignerin vor zehn Jahren habe ich versucht, ActionScript (die Programmiersprache für – igitt! – Flash) zu lernen und bin dabei schnell an meine Grenzen gestoßen. Es genügt mir, HTML und CSS zu ›können‹.

Ich fühle mich außerdem dem Druck der Konkurrenz nicht gewachsen. Ihr Wissen ist mir kein Ansporn, sondern schüchtert mich ein. Der Wille, es dennoch zu schaffen, ist einfach nicht groß genug.

Bewundernswert finde ich auch jene Frauen, die trotz vollen Terminkalenders Kram basteln und Kleidungsstücke selber stricken, häkeln oder nähen. Die, die sich dafür wunderschöne Stoffe und Wolle kaufen – und Letztere womöglich sogar noch selbst spinnen und färben. Aber auch das ist nichts für mich, denn in meinem Herzen bin ich immer noch die ungeduldige, grobmotorische Frau mit den zu kurzen Pullundern.

Meins, meins!

Während der diesjährigen Berlinale schaute ich mir einen japanischen Film an. Der Regisseur war anwesend und erzählte uns zum Einstieg etwas auf Japanisch. Das dauerte ziemlich lang und ich verstand absolut gar nichts. Obwohl ich in der Zwischenzeit schon viele japanische Filme gesehen habe, hatte ich bei keinem seiner Worte auch nur eine Ahnung, was sie bedeuteten. Anschließend trug der Dolmetscher vor, was der Regisseur uns gerade mitgeteilt

Ich verstand
absolut gar
nichts.

hatte. Auch ihn verstand ich kaum – obwohl er Englisch sprach. Die Situation erinnerte mich daran, dass es mir während meiner Japanreise im November 2011 nicht anders ergangen war.

Ich denke seit dieser Reise jeden Tag mindestens einmal daran, wieder dorthin zu fliegen. Dieses Gefühl der Sehnsucht nach einem Land hatte ich in dieser Form nicht mehr seit meiner Liebe zu Italien, die vor über zwei Jahrzehnten dazu geführt hatte, dass ich nach dem Abitur als ragazza alla pari (Au-pair-Girl) in Rom gewesen war. An so etwas war in Japan allerdings gar nicht zu denken, meine finanziellen Umstände erlaubten mir schließlich nicht einmal mehr eine Reise dorthin. Deshalb gab ich meinen Empfindungen für das Land und der Beschäftigung mit japanischen Dingen auch nur sehr selten nach.

Während ich auf der Berlinale dem japanischen Dolmetscher zuhörte, war mir aber auf einmal klar:

Ich werde in diesem Jahr wieder nach Japan fliegen und durchs Land reisen. Und dieses Mal will ich mehr sagen können als »Danke schön«,

möchte ich wenigstens ein Gefühl für die Sprache haben und einfache Dinge in Restaurants und Geschäften entziffern können.

Seit sechs Wochen besuche ich einen Japanisch-Sprachkurs an der Volkshochschule – gerade sind allerdings Osterferien und diese Pause bringt mich fast um. Ich habe Glück, denn wir sind nur etwa 15 Teilnehmende und das Tempo ist genau richtig für mich. Dennoch ist es hart: Ich habe nach meiner Zeit als Au-pair keine Sprache mehr gelernt und danach nur noch einmal Mitte der Neunzigerjahre etwas Text für ein Theaterstück auswendig gelernt.

Lernen

Momentan verwenden wir noch fast keine japanischen Schriftzeichen. Es gibt drei unterschiedliche Sorten davon: zwei Silbenalphabete (Hiragana und Katakana) und die ehemals chinesischen

Schriftzeichen Kanji. Letztere bräuchte man eigentlich nicht, denn mit den Silbenalphabeten kann man alles schreiben. Die Hiragana werden aber hauptsächlich für grammatikalische Elemente wie Partikel und Endungen verwendet und die Katakana sind für Wörter da, die aus dem Englischen oder anderen Sprachen kommen. Ich mag sie nicht, weil ich noch nicht den Dreh heraushabe, die Wörter zu erkennen, selbst wenn ich sie mühsam entziffert habe. Dabei erscheint es, sobald man die Bedeutung weiß, immer ganz einfach:

reinkotoo = raincoat = Regenmantel

naifu = knife = Messer

supuun = spoon = Löffel

Die Silbenalphabete kann ich mittlerweile mit ein paar Ausnahmen. Das heißt aber nicht, dass ich nun auf einen japanischen Text mit Katakana und Hiragana gucke und sofort erkenne, was dort steht. Silbe für Silbe muss ich die Wörter entziffern. Ich bewege selbst beim stillen Lesen oft die Lippen mit – auch in öffentlichen Verkehrsmitteln. Da mein Vokabular noch sehr eingeschränkt ist, kenne ich die meisten Wörter nicht, und weil diese immer ohne Abstände aneinandergereiht werden und es selten Kommas gibt, ist es schwierig, zu erkennen, welche Silben überhaupt zusammengehören und so ein Wort bilden. Ich übe das, indem ich auf Twitter niedlichen japanischen Tier-Accounts folge und zu entziffern versuche, was über den Häschen, Igelchen und Kätzchen geschrieben steht. Mittlerweile kann ich einhändig den Text aus dem Tweet in den Translator kopieren und darin wiederum mit Fragmenten des Tweets herumexperimentieren, um Silben zu überprüfen. Der Translator kommt leider sehr schnell an seine Grenzen, was das Ausspucken verständlicher Sätze anbelangt.

Pläne

Dass ich mich in so vielen Bereichen vom Können anderer einschüchtern lasse, aber nicht von all jenen gerade genannten Dingen – die ja nur einen Bruchteil der auf mich zukommenden Schwierigkeiten darstellen –, machte mir erst beim Schreiben des Textes so richtig klar, dass es mir wirklich Ernst damit ist, dass ich zum ersten Mal seit Langem wieder etwas richtig (können) will. Ich lerne tatsächlich jeden Tag und bin zum ersten Mal in meinem Leben im Besitz von Vokabelkarten und -kästen.

Ich bin geradezu überwältigt davon, wie viel Freude es macht, Dinge zu lernen und dadurch eine neue Welt zu entdecken. Dank der vielen Eselsbrücken gewinne ich auch ganz neue Einblicke in meine Vorstellungskraft.

Natürlich habe ich mich auch längst darüber informiert, was bei einem Bachelor-Studiengang, den ich mir weder finanziell noch beruflich erlauben kann, auf mich zukäme. Ich weiß, dass ich für ein japanisches Travel-and-Work-Visum bereits vierzehn Jahre zu alt bin. Ich weiß, dass ich ohne Uni-Abschluss und professionelle Englischkenntnisse kaum eine Chance habe, in Japan zu arbeiten. Dennoch träume ich davon, einmal für eine Weile dort zu leben. Um mich auch hier möglichst vielen unterschiedlichen japanischen Reizen auszusetzen, verwende ich unterschiedlichste Medien und Techniken: Tweets, Bücher, Youtubevideos, Filme, Comics, Apps – und im Büro sind mittlerweile sehr viele Gegenstände mit bunten Stickern versehen, auf denen Vokabeln stehen. Aber es macht nur bedingt Spaß, das alles allein zu machen und zu Hause am Küchentisch mit fiktiven Personen fiktive Dialoge zu üben. Spätestens in einem Monat will ich einen Tandempartner oder eine -partnerin finden.

Verliebt

Neulich traf ich mich mit einem Bekannten, den ich länger nicht gesehen hatte, zum Essen. Es gab Ramen und ich erzählte ihm zum ersten Mal vom Japanischunterricht. Als er seine Suppe zu Ende gegessen hatte, war meine Schüssel nach wie vor fast voll.

Ich hatte die ganze Zeit geredet und war seltsam euphorisch in Fahrt geraten. Dies war der Moment, in dem mir bewusst wurde, dass ich wieder für etwas brenne. Es fühlt sich seither fast an wie Verliebtsein.

Maike Hank, 44, lebt in Berlin und arbeitet als Redakteurin. Seit 2002 veröffentlicht sie online Texte und schreibt heute unter anderem für ›kleinerdrei‹ (www.kleinerdrei.org) – ein Blog, das sich mit popkulturellen und politischen Themen beschäftigt. Auf Twitter ist sie als @ruhepuls unterwegs, und ihre Lieblingszeit dort ist 22:22 Uhr.

Mein Büro ist in meinem Rucksack

Interview mit Conni, die als digitale Nomadin durch die Welt zieht

Was genau machst du und was begeistert dich so sehr daran?

Ich bin zum einen Reisebloggerin. Meine Seite heißt Planet Backpack, ein Blog, das sich mit Backpacking und Langzeitreisen beschäftigt und anderen Menschen hilft, ihre Reiseträume zu verwirklichen. Außerdem bringe ich mit unserem Blog-Camp anderen bei, wie man erfolgreicher Blogger wird. Und schließlich bin ich Mitgründerin von Transit Media, einer Medienagentur für Presse- und Öffentlichkeitsarbeit in der Blogosphäre und Social-Media-Kampagnen im Tourismusbereich.

Was begeistert dich an den Dingen, die du machst?

Ich kann von überall aus arbeiten, denn mein Büro ist in meinem Rucksack. Als digitale Nomadin genieße ich komplette Ortsunabhängigkeit und kann so um die Welt ziehen, wie es mir beliebt, und gleichzeitig dabei Geld verdienen.

Kannst du dich noch an deine erste selbst organisierte Reise erinnern?

Meine erste richtig große, längere Backpacker-Reise war 2003 nach Thailand – da war ich 20 Jahre alt. Zuvor war ich viel in Europa unterwegs und hatte in den USA und England gelebt.

Aber der Trip nach Thailand hat mich süchtig gemacht nach mehr.

Die Freiheit, mit dem Rucksack unterwegs zu sein, hat mich von Tag eins an schwer fasziniert und von da an habe ich all mein angespartes Geld für Reisen ausgegeben.

Gelegentliches Reisen und ein Leben unterwegs – das ist ein großer Unterschied. Wie ist es dazu gekommen, dass du das Reisen zu deinem Leben gemacht hast?

Die Idee mit dem digitalen Nomadenleben kam mir, als ich 2011 unglücklich in meinem ersten Erwachsenenjob in einer PR- und Social-Media-Agentur saß und mir klar wurde, dass ich für so was nicht gemacht bin. Nach Jahren des Reisens und nachdem ich im Paradies als Tauchlehrerin gearbeitet hatte, konnte ich mich nicht an ein konventionelles Leben gewöhnen. Noch dazu war ich zu der Zeit in einer Beziehung mit einer Australierin und wir wollten nach einem Jahr in Berlin wieder auf Reisen bzw. schließlich zurück nach Australien gehen. So kam mir der Gedanke:

Ich brauche einen Job, den ich von überall aus machen kann – also online.

Ein Buch hat dabei eine sehr wichtige Rolle gespielt: »Die 4-Stunden-Arbeitswoche« von Tim Ferriss. Ein Muss für jeden angehenden digitalen Nomaden. Während ich also meine Kündigung plante, habe ich viel zum Thema gelesen und recherchiert – erst einen und dann Hunderte Blogs entdeckt zum Thema Lifestyle-Design und digitales Nomadenleben. Mit der Zeit war ich überzeugt: Ich kann das auch, ich will mein und nur mein Leben leben.

Wie genau bist du dein Projekt angegangen?

Zuerst habe ich mir einen Geldpuffer angespart, sodass ich einige Monate auch komplett ohne Einkommen überleben kann, während ich mir meine Selbstständigkeit aufbaue. Ich habe außerdem überprüft, was ich wirklich brauche, und meinen Besitz und meinen Konsum verringert. In Sachen Social-Media, Bloggen, WordPress und Programmiersprachen habe ich eine Menge gelernt und mein erstes Blog und eine professionelle Homepage aufgebaut. Wichtig war auch die Vernetzung. Ich habe meine ersten Kunden gesucht und andere digitale Nomaden, Online-Business-Unternehmer und (Reise-)Blogger kennengelernt. Und dann habe ich gekündigt!

Nach ein paar Monaten Testdrive der Selbstständigkeit in Berlin bin ich dann zum ersten Mal als digitale Nomadin losgezogen: nach Indonesien und Thailand mit meinem Büro im Rucksack.

Was bedeutet es, so viel unterwegs zu sein? Hat dein Lebensstil zum Beispiel deine Freundschaften verändert?

Es bedeutet, dass ich Abenteuer und professionellen Erfolg verbinde und dass ich jeden Tag mein Leben so gestalten kann, wie ich möchte. Dabei verwirkliche ich mich selbst und integriere meine Leidenschaften und Träume fest in mein Leben. Extrem oder radikal finde ich daran nichts. Ich sage nur Nein zu den traditionellen Arten, in dieser Welt seinen Platz zu finden. Ich lasse mich nicht mehr von gesellschaftlichen Konventionen einschränken, die mir vorgeben, wie das mit der Arbeit und dem Leben auszusehen hat.

> **Was ich anders als andere mache, ist wohl, dass ich meine Träume lebe, statt sie nur vor mir her zu schieben.**

Und dass ich Risiken eingehe, meine Komfortzone ständig ausweite und das Wort Freiheit in der Realität umsetze.

Meine Freundschaften hat es nur marginal verändert. Viele neue auf der ganzen Welt sind hinzugekommen. Manch andere sind eingeschlafen. Die, die von Bedeutung sind, bleiben mir immer erhalten, egal wo und wie lange ich unterwegs bin.

Wie läuft ein normaler Tag bei dir ab? Gibt es überhaupt »normale« Tage?

Normale Tage gibt es so nicht, nein. Jeder schaut in irgendeiner Weise anders aus.

Meine Morgen beginnen, wenn ich fit bin, ohne Wecker, meist gegen 9 Uhr. Oftmals lese ich erst mal ausgiebig oder bilde mich anderweitig weiter. Im Schnitt arbeite ich etwa drei bis fünf Stunden pro Tag an meinem Laptop – in Berlin meist in einem Co-Working-Space, auf Reisen im Hotel/Hostel oder im Café. Zeitlich variieren

Ich will mein und nur mein Leben Leben.

diese Stunden, zumeist aber am späten Vormittag bis frühen Nach-mittag, das ist meine produktivste Phase des Tages.

Yoga und Meditation sind beide fast täglich Bestandteil meines Tagesablaufs. Ansonsten verbringe ich viel Zeit mit Freunden, wenn ich in Berlin bin. Unterwegs lerne ich gern andere Traveller kennen und tausche mich mit ihnen aus, dabei sind schon viele neue, tolle Freundschaften entstanden.

Wie viel Zeit im Jahr bist du ungefähr auf Reisen, wie lange bleibst du an den unterschiedlichen Orten?

Das ist schwer zu sagen, da es jedes Jahr variiert. Letztes Jahr war ich etwa sieben bis acht Monate unterwegs.

Je nachdem, wie gut mir ein Ort gefällt, bleibe ich gern mehrere Wochen.

Ich bin kein Fan des zu schnellen Reisens, besonders auch, weil es nicht leicht ist, produktiv zu sein, wenn ich nur unterwegs bin und ständig von A nach B reise.

Fällt es dir manchmal auch schwer, wieder aufzubrechen?

Die Vorfreude auf einen neuen Ort ist meist größer als der Trennungsschmerz vom alten. Aber klar, wenn ich coole Leute kennenlerne und mit ihnen viel Zeit verbringe, ist ein »Good bye« oft ein wenig traurig und schade. Aber das heißt ja nicht, dass ich diese Menschen nie wiedersehe!

»Arbeit« und »Freizeit« – gibt es diese Unterscheidung überhaupt in deinem Leben?

Für mich sind mein Leben, meine Arbeit, meine Freizeit, meine Reisen ein ganzheitliches Konzept und diese vier Teile sind nicht voneinander zu trennen. Ich gehe meinen Leidenschaften nach und verdiene damit mein Geld. Es motiviert mich jeden Tag, wenn ich morgens die Augen aufschlage, das Beste aus meinem Leben zu machen.

Früher waren Reisen einfach nur Reisen. Nun haben sie noch einen tieferen Sinn bekommen. Durch meinen Reiseblog reise ich mit anderen, neugierigeren Augen.

Früher waren meine Reisen wie Auszeiten. Heute sind sie mein Leben.

Worauf bist du besonders stolz? Und was möchtest du unbedingt noch erleben oder erreichen?

Ich bin stolz darauf, meine Träume zu leben und dass ich viele Ziele in den letzten Jahren erreicht habe, unter anderem mein Blog Planet Backpack zum größten deutschsprachigen Reiseblog zu machen und damit vielen Menschen zu helfen, ihren Traum vom Reisen zu leben.

Ich würde gern eine Zeit lang auf einem Segelboot wohnen und die Welt damit bereisen. Außerdem spiele ich mit dem Gedanken, eines Tages ein Eco-Yoga-Hostel/Guesthouse zu eröffnen, das Gleichgesinnte anzieht und eine Community bildet und von digitalen Nomaden als Co-Working/Co-Living-Retreat genutzt wird. Und dann gibt es natürlich noch viiiiele Länder und Orte, die ich noch nicht gesehen habe und die es noch zu entdecken gilt!

Könnte etwas passieren, das dich dazu bringt, dich wieder fest an einen Ort zu binden? Was wäre das? Und was würdest du besonders vermissen?

Schwer zu sagen. Vorstellen kann ich es mir nicht, aber möglich ist natürlich immer alles im Leben, daher sage ich niemals nie. Für eine Beziehung würde ich durchaus ein wenig mehr an einem Ort bleiben, aber immer mit der Option, regelmäßig meine Sachen packen zu können. Am besten natürlich gemeinsam. Und klar, falls ein Familienmitglied aufgrund gesundheitlicher Probleme meine Hilfe benötigt, wäre ich natürlich bereit, meine Ortsunabhängigkeit einzuschränken. Ich sehe aber grundsätzlich keinen Grund, mich an einen Ort fix zu binden. Das wäre, wie wenn man mir meine Flügel abschneiden würde. Und was im Leben ist es wert, sich absichtlich unglücklich zu machen?

Conni Biesalski, 30, ist professionelle Reisebloggerin auf Planet Backpack (www.planetbackpack.de) und Gründerin mehrerer Online-Unternehmen, wie z. B. Blog Camp. Ihr Büro ist ihr Rucksack, die Welt ihr Zuhause.

Alle Bomben finden und krachen lassen!

Stefan hält den Vortrag seines Lebens

Hast du von TED gehört – den Konferenzen? Ein Mensch kommt auf die Bühne. Allein. Spricht über sein Leben. Den Beruf. Eine Entdeckung, die er machte. Den großen Durchbruch – oder die kleine Erkenntnis: Jeder Redner hat 18 Minuten. Für Umschweife, Nebensächlichkeiten bleibt nie Zeit. TEDs finden weltweit statt – unter dem Motto »Ideas Worth Spreading«: Ideen, die es wert sind, geteilt zu werden.

Falls jemand fragt, warum ich 30, 40 solcher Reden auf Youtube sah – und immer neu dachte: »Voll gut, dass ich mir Zeit nahm!« – zeige ich die Träumer, Freaks, Experten auf der Bühne: Jeder hält den Vortrag seines Lebens. Alle haben entschieden, was für sie zählt. Ihr Wissen in klare Worte gefasst. Und teilen es mit der ganzen Welt. Wie toll ist das?

Ich wünschte, alle Berufe wären so: Überall könnte jeder genau das lernen, finden, probieren, was er am meisten will. Am besten kann. Und ihm am wichtigsten ist.

Ich wünschte, alle hätten Zeit und Energie, für ihre persönlichen Talente zu kämpfen.

Und jede Leidenschaft führte später zum passenden bezahlten Beruf. Ich selbst bin 31 Jahre alt – und habe als Kind am liebsten gelesen und geschrieben. Ich finde gern Fragen. Beispiele. Geschichten! Aber hätte ich mich mit 15 oder 18 fest entscheiden müssen, zu welcher Firma ich gehe, in welchen Job – ich hätte nichts Perfektes gefunden: Sehr lange wusste ich nur, was ich am liebsten mache, jeden Tag. Texte suchen. Lesen. Schreiben!

Hast du von »Schreibschulen« gehört – Creative Writing? Die kleinen Studiengänge in Leipzig, Hildesheim und Biel (Schweiz) haben Hunderte Bewerber. 40 bis 50 dürfen zur Eignungsprüfung … und nur ein kleiner Bruchteil schreibt fünf Jahre lang in Textwerkstätten eigene Geschichten, Lyrik und Artikel. Als Abschlussarbeit oder nach Ende des Studiums schreiben wenige ein erstes Buch; und nur der kleinste Bruchteil des Bruchteils, 7 bis 10 junge Autorinnen und Autoren im Jahr, bringt dann mit Mitte, Ende 20 sein erstes Werk bei einem großen, anspruchsvollen Verlag heraus. Ich selbst studierte bis 2008 in Hildesheim. Und schreibe seit 2009 einen Roman über drei Elftklässler – zwei Jungs, ein Mädchen – und eine fremde Wohnung, in der sich alles ändert: »Zimmer voller Freunde«. Ich brauche noch etwa 20 Monate. 260 Seiten sind fertig – von 400.

Ich wünschte, ich wäre schneller: Ich bin Kulturjournalist und Autor. Ich gebe Serien-, Buch-, Comictipps für Zeitungen. Ich schreibe mein erstes Buch. Mache genau mein Ding! Doch andererseits wohne ich bei meiner Mutter. Sitze jeden Tag 10, 15 Stunden im leeren Haus meiner toten Großeltern und tippe. Noch fehlt mir Geld für Autos. Möbel. Ein eigenes Zuhause. Mein Leben ist Sparen. Durchhalten. Hoffen. Lernen. Verbessern.

Mein monatliches Einkommen: 300 Euro – wenn es gut läuft.

Hast du von Shonen-Manga gehört – den Comic-Reihen für Jungs kurz vor der Pubertät: »Naruto«, »Dragonball«? »One Piece«? Für Comics dieser Altersgruppe haben die japanischen Verlage kaum Regeln. Mal geht es um Piraten. Mal um Bäcker, Sportler. Kämpfer. Das Wichtige: Der Held ist oft ein Anfänger; talentiert, aber unerfahren. Und ob er Brot backt, Tennis spielt oder segelt – sein Ziel wird schnell, der beste Bäcker, Tennisspieler, Pirat zu sein. Shonen-Mangas handeln von Freiheit, Abenteuer, Selbstverwirklichung. Doch immer auch: von Training, Ehrgeiz, Disziplin, Pflicht und der Frage, was man aufgeben muss für seinen Traum. Mein Lesetipp ist »Bakuman«, ein Shonen-Manga über talentierte, junge Shonen-

Durchhalten. Hoffen. Lernen. Verbessern.

Manga-Autoren, die an die Spitze von Japans Shonen-Manga-Charts kommen wollen. Verbissen. Aber inspirierend!

Ich wünschte, auch im echten Leben gingen Träume und Talente so harmlos Hand in Hand: Mit sechs wollte ich Comics schreiben. Mit zehn Theaterstücke. Mit zwölf Nintendo-Tests, mit 14 Filmkritiken, ab 16 Drehbücher für Serien … und seit dem Studium Romane. Ich mag Texte, Sprache, Ideen, Figuren und Kritik. Und so gesehen klingt das heute im Rückblick sortiert, zielstrebig und leicht: Ich schreibe für Zeitungen über Filme. Lese 100 Romane pro Jahr. Und 40, 50 journalistische Texte pro Tag. Ich interessiere mich seit meiner Kindheit für ganz ähnliche Fragen und Texte und werde auf diesen Gebieten langsam ein Experte. Doch der »Duck Tales«- oder »Die Schlümpfe«-Drehbuchautor, der ich mit sechs werden wollte … ist nie aus mir geworden.

Auch sonst kenne ich keinen, der seinen Kindheitstraumberuf ergriff. Oder genau das tut, was er mit 14 machen wollte: Träume wachsen. Verformen sich. Mutieren.

Hast du von »One Tree Hill« gehört – der Highschool-Serie? Lucas ist 16, liest, schreibt, grübelt jeden Tag – und will Schriftsteller werden. Nathan ist der Star des Basketball-Teams – und will zur NBA. Brooke liebt Luxus – und gründet noch als Schülerin ein Mode-Label. Peyton liebt Musik und Podcasts – und fängt bei einer Plattenfirma an. Und Haley hat die besten Noten der Klasse – aber trotzdem Nerven, Zeit, Selbstvertrauen, mit 16 zu heiraten, als Sängerin auf Tournee zu gehen und schwanger zu werden. Alle Figuren haben Ehrgeiz. Talent. Große Chancen! Als Nathan später wirklich NBA-Spieler wird, fasst er die Grundidee der »One Tree Hill«-Geschichte zusammen: »Believe that dreams come true every day. Because they do!« Glaub daran, dass Träume wahr werden. Denn sie werden wahr – jeden Tag!

Ich wünschte, jeder Traum ließe sich so gut zu einer Karriere machen wie in der Serie. Doch vor dem Abitur sagte Freundin A.:

»Kapier es doch – nicht jeder hat ein großes Talent!« Freund F. hatte Zukunftsangst: »Alle müssen irgendetwas werden! Dann sitzen sie ein Leben lang fest. Arbeiten jeden Tag acht Stunden lang für einen Chef. Das wird der Horror!« A. wurde Lehrerin und freut sich jeden Tag auf Kinder und Kollegen. Sie ist selbst überrascht, wie glücklich sie heute ist. Auch ohne »großen Traum«. F. sitzt als Programmierer im Büro – und hat nur noch am Wochenende und im Urlaub Spaß am Leben. Beides hätte auch mir passieren können – oder? Verwirrung, Langeweile und blöde Jobs sind realistischer als »One Tree Hill«… wo alle Träume sich erfüllten.

Hast du von Post-Script-Seasons gehört: Nachzügler-Episoden? Viele Serien erzählen ein großes, dramatisches Ende. Schurken werden besiegt. Helden finden ihr Glück. Alle Spannungen und Fragen werden gelöst. Doch was, falls doch noch neue Episoden folgen müssen? Nach vier Jahren »One Tree Hill« machten alle Figuren ihren Schulabschluss. Jeder hatte gelernt, wo seine Talente liegen. Welche Ziele er sich stecken will. Wie er sie umsetzen kann. Trotzdem lief die Serie danach noch fünf (!) lange Jahre weiter. Und sie wurde komplizierter. Und überraschend oft besser:

    Ich wünschte, jede Geschichte würde diese »Was passiert nach dem ersten Happy End?«-Frage stellen: Figuren lernen, wer sie sind. Zu wem sie passen. Wohin sie wollen. Und dann kommen immer neue Folgen/Kapitel – über all die Dinge, die danach geklärt, erkämpft, verstanden werden müssen. Viele meiner Schreibschul-Freunde merkten zum Beispiel erst nach dem Ende des Studiums, als ihre Träume vom ersten Roman immer näher kamen, dass sie nicht schreiben wollen – nicht jeden Tag.

Sie wollten »Schriftsteller sein«. Aber nicht die Zweifel, Einsamkeit, tägliche Arbeit am eigenen Text erleben.

»Was liegt mir wirklich am Herzen?«

Erwachsen werden, den Abschluss machen, den (Traum?-)Beruf erreichen ist kein »Happy End«. Sondern der Anfang einer größeren Geschichte:

Hast du von »Dringlichkeit« gehört, als Kompliment für einen Autor? »Dringliche« Texte/Filme/Serien erzählen so, dass jeder denkt: »Oha! Diese Szene muss passieren. Das Thema geht mich an! Da bleibe ich unbedingt weiter dran – denn alles ist zwingend, schnell oder folgerichtig.« Shonen-Mangas sind dringlich, weil dort jedes Kapitel zeigt, was junge Menschen entscheiden und leisten können, um ihren Zielen näher zu kommen. TED-Konferenzen sind dringlich, weil dort Experten Zusammenhänge klären, die die ganze Welt erfahren soll. Auch »One Tree Hill« hatte anfangs hohe Dringlichkeit.

Doch nach dem Schulabschluss und ersten Happy Ends mussten die Autoren fünf weitere Jahre vor jeder Szene neu überlegen:

»Was wollen wir erzählen?«, »Welches Thema liegt uns überhaupt am Herzen?«, »Woher kommt jetzt noch Dringlichkeit?«, »Welche Sorgen, Begegnungen, Gespräche zählen? Liegen irgendwo noch Bomben, die toll krachen?«

Ich wünschte, jeder Mensch überlegte sich jeden Morgen: »Was sind die Sätze, die ich wirklich sagen will?«, »Was sind meine Talente? Und meine Ziele?«, »Welche dringlichen Gespräche kann ich heute passieren lassen?« Als müssten wir eigene TED-Talks halten, jeden Tag. Als wären wir Hauptfiguren einer Serie über Träume und Ziele. Als wären wir in einem Shonen-Manga und kämpften für unsere Zukunft. Vor jedem Treffen, vor jedem Satz, vor jedem Text, Artikel oder Romankapitel, das ich schreibe, überlege ich neu: »Was drängt? Was liegt mir wirklich am Herzen? Was müssen meine Leser/Freunde unbedingt erfahren?«

Die schöne Überraschung: Wenn mir Gespräche wichtig sind, sind sie auch meinem Gegenüber wichtig. Wenn mir ein Thema viel bedeutet, werden auch die Texte dazu gelesen. Menschen spüren Dringlichkeit. Leser merken, was einem Autor am Herzen liegt. Zuschauer fühlen, ob eine Serie noch zählt. Noch wirklich etwas sagen will. Oft schreibe ich einen dringlichen Text. Dann ist dieser »Text meines Lebens« fertig. Und mir fallen – wie den »One Tree Hill«-Autoren – zum Glück plötzlich andere dringliche Themen zu. Ideen wachsen nach!

»Wenn du einen Freund zum letzten Mal sehen würdest«, sagt Brooke am Ende von 184 Episoden »One Tree Hill«, »was würdest du sagen?

Wenn du einem Menschen, den du liebst, einen letzten Dienst erweisen könntest: Was würdest du tun? Sag es! Tu es! Worauf wartest du?«

Nicht alle Schüler suchen den perfekten Traumjob. Oder haben Talente, für die es später perfektes Geld, perfekten Alltag gibt. Was ich am meisten will, was ich am besten kann und was mir selbst am wichtigsten ist, nie genau dasselbe:

Kaum jemand, der gern Basketball spielt, kommt später zur NBA. Kaum jemand, der »Die Schlümpfe« liebt, wird später »Schlümpfe«-Drehbuchautor. Aber ganz genau, wie die gestressten »One Tree Hill«-Autoren auch nach neun Jahren dringliche, große Themen fanden, finde ich und jeder sonst – in Texten, in Menschen, im Leben – beruhigend oft immer neue »Sag es! Tu es! Worauf wartest du?«-Dringlichkeit:

In Wahrheit weißt du, wer du bist. Und was als Nächstes passieren muss. Wo deine Talente liegen. Wie Träume zu klaren Zielen werden. Und wo deine großen Bomben sich verstecken – die sinnvoll krachen.

Müsste ich »den Vortrag meines Lebens« halten … oder eine »One Tree Hill«-Szene schreiben: Das würde ich allen sagen. Das liegt mir am Herzen. Das ist – jetzt gerade – genau mein Ding.

Stefan Mesch, 31, ist freier Autor und Journalist. Er studierte Kreatives Schreiben und Kulturjournalismus in Hildesheim, schreibt für ZEIT Online und den Berliner Tagesspiegel und lebt seit 2009 drei Monate pro Jahr in Toronto (Kanada). Den Rest des Jahres arbeitet er im leer stehenden Haus seiner toten Großeltern an seinem Roman »Zimmer voller Freunde«. www.stefanmesch.wordpress.com

Mir geht es darum, die Menschen zu erreichen

Interview mit Davide, der mit seinem Flügel auf den großen Plätzen der Welt spielt

Du reist mit deinem Flügel durch die Welt, bist berühmt geworden mit deinem Konzert auf dem Taksim-Platz in Istanbul während der Proteste dort. Was begeistert dich so sehr an der Musik?

Es macht mir einfach wahnsinnig viel Spaß. Es macht Spaß, die Leute zu überraschen und Kulturen zu verbinden. Der Flügel als Instrument und Kulturobjekt ist sehr westlich geprägt. Und es ist interessant, zu schauen, wie die Menschen in Ländern, wo der Flügel als Instrument keine große Rolle spielt, darauf reagieren.

Mit der Musik kann ich Dinge ausdrücken, die ich mit Sprache nicht ausdrücken kann.

Gefühle zum Beispiel kann ich ganz anders ausdrücken als mit Worten. Ich spiele keine klassische Musik, sondern meine eigenen Kompositionen und Lieder, die die Leute kennen. Wenn ich klassische Musik spielen würde, hätten die Menschen gewisse Berührungsängste. Die Leute schwingen eher mit, wenn sie etwas Rhythmisches hören. Bei meiner Musik geht es mir besonders um die Begegnung, darum, die Menschen wirklich zu erreichen – und da ist es wichtig, etwas zu spielen, zu dem sie Zugang haben.

Kannst du dich noch an deine ersten Klavierstunden erinnern?

Ich war sieben Jahre alt, als ich angefangen habe, Klavier zu spielen. Das Klavier stand schon bei uns zu Hause, meine ältere Schwester hatte Unterricht genommen. Dann heiratete sie, hatte keine Zeit mehr für den Klavierunterricht und ich kam an die Reihe. Ich habe das sozusagen von ihr übernommen.

Mein erster Klavierlehrer war gar kein klassischer Klavierlehrer, sondern ein Keyboardlehrer und -verkäufer. Bei meiner ersten Unterrichtsstunde hat er mir in seinem Geschäft erst einmal alle Keyboards vorgestellt, hat mir gezeigt, was sie können, was man dort für Tasten drückt ... das war mein erster Tag. Ich durfte einmal alles ausprobieren und das hat mir sehr viel Spaß gemacht.

Wann und wie bist du auf die Idee gekommen, mit deinem Klavier zu reisen und auf Plätzen im In- und Ausland zu spielen?

Das war vor drei Jahren. Ich war noch als Frisör angestellt und wohnte direkt in der Stadtmitte. Jeden Morgen hat mich ein Straßenmusiker mit seiner Musik geweckt. Irgendwann bin ich auf den Gedanken gekommen: Hey, das wär doch die Lösung, um meine Kompositionen zu veröffentlichen und bekannt zu machen!

Aber wie könnte ich am besten Straßenmusik mit einem Flügel machen? Und dann kamen mir nach und nach die Ideen, wie man einen solchen Flügel bauen könnte.

Während ich noch im Frisörsalon arbeitete, habe ich meine Pläne vervollständigt und Skizzen gezeichnet. Nach einem halben Jahr Planung habe ich dann eine Werkstatt gefunden, die mir den Flügel nach meinen Plänen bauen konnte.

Und dann hab ich mir zwei Wochen Urlaub genommen, um auszuprobieren, ob es funktioniert, ob ich vom Musikmachen leben kann. Ich habe nicht gleich gekündigt, ich wollte erst einmal ausprobieren, ob es klappt. Ich bin also mit dem Flügel nach Berlin gefahren. Das war die erste Stadt, in der ich auf großen Plätzen gespielt habe – und ich habe schnell gemerkt, okay, es funktioniert, ich kann davon leben.

Nach drei, vier Tagen, nachdem ich merkte, okay, jetzt ist mittlerweile ein Monatsgehalt zusammen, nach den paar Tagen nur, habe ich meinen Chef angerufen und gesagt: Ich werde demnächst kündigen. Dann bin ich weitergezogen, nach Prag und nach Wien

Okay, es
funktioniert!

und von Wien aus dann wieder zurück nach Konstanz. Das war
eine kleine Tour, ein erster Test.

**Was war ein ganz besonderes Erlebnis, das dir die Musik ermöglicht
hat?**

Da gibt es jede Menge! Eine ganz besondere Erfahrung habe
ich auf dem Taksim-Platz gemacht. Dort habe ich 14 Stunden lang
gespielt, zusammen mit anderen Pianisten, die mich manchmal
auch abgelöst haben. Aber ich war derjenige, der an diesem Tag am
längsten wach war. Während ich dort spielte, fiel mir ein älterer
Mann auf, der als Protestler angezogen war, mit Schutzkleidung
und Gasmaske, und er hat mitgemacht und mitgesungen, bevor er
irgendwann nach Hause ging. Am nächsten Morgen habe ich ihn
wiedergesehen. Er war komplett anders gekleidet, wie ein Profes-
sor, richtig schick. Als er mich sah, fing er an zu weinen, weil ich
immer noch dort war. Und ich musste auch weinen, weil ich mich

an ihn erinnern konnte, wie er am Abend zuvor mitgemacht hatte. Abends ist er der Rebell und tagsüber ein ganz normaler Mensch, der zur Arbeit geht.

Das fand ich total klasse, das war irre. Das war etwas, das mich sehr tief berührt hat.

Beeindruckt hat mich auch ein Auftritt in Kiew. Ich habe dort auf dem Maidan gespielt, die Leute haben mir Liederwünsche genannt und die Texte aus dem Internet abgerufen, mit ihren Smartphones. Und alle haben angefangen zu singen, als ich gespielt habe. Das waren zwei meiner krassesten, emotionalsten Momente.

Manchmal geht auch etwas schief. In New Orleans ist zum Beispiel mein Auto kaputtgegangen – und im Nachhinein würde ich sagen, dass ich dankbar dafür bin. Denn dadurch kam ich auf die Idee, meinen Flügel auf einer Plattform zu befestigen und ans Fahrrad zu hängen. Das war eine Notlösung, aber ich hab gemerkt, das kommt richtig gut an. Schlechte Situationen sind nicht immer nur schlecht – es hat immer einen Grund. Das war mir eine Lehre.

Wie transportierst du deinen Flügel normalerweise?

Normalerweise habe ich einen ganz normalen Anhänger und eine elektrische Seilwinde, die den Flügel sichert und anspannt. So hab ich das immer gemacht. Ich fahre auf den Platz, parke dort vor Ort, lade den Flügel ab und rolle ihn dahin, wo ich ihn brauche.

Planst du deine Reisen oder fährst du spontan los?

Ich plane schon, wohin ich demnächst fahre. Aber ich veröffentliche keinen Tourplan. Denn es kann sich immer etwas ändern. Und wenn ich eine Tourplanung veröffentliche und sie dann doch nicht verwirklicht werden kann, dann sind die Leute enttäuscht. Das mochte ich nicht.

Der Freigeist ist mir wichtig, der soll immer noch enthalten sein. So habe ich auch die Möglichkeit, spontan zu reagieren, falls es ein Ereignis gibt, bei dem ich dabei sein möchte.

Ein Flügel ist derzeit in den USA, ein anderer in Europa. Bei Reisen in den USA muss ich etwas mehr planen, weil alles mit den nötigen Visa verknüpft ist. Und das Auto darf nicht länger als ein Jahr in jedem Land bleiben. Nach einer gewissen Zeit reist deshalb der Flügel aus den USA nach Europa und umgekehrt. Da steckt schon ein wenig Organisationsaufwand dahinter.

Lebst du ein anderes Leben als die meisten Menschen? Hat dein besonderer Lebensstil deine Sicht auf die Welt verändert?

Ja, auf jeden Fall. Früher dachte ich, dass die Kulturen komplett verschieden sind und die Menschen in jedem Land anders. Dass die Menschen im Norden vielleicht kühler sind als diejenigen im Süden … das stimmt alles nicht. Wenn man Musik spielt, fühlen sich die

Menschen immer angesprochen und finden es schön. Egal, wie die Kultur ist – es gibt so manche Dinge, die verstehen einfach alle Menschen. Und das ist die Musik.

Worauf bist du besonders stolz?

Stolz? Vielleicht auf meine Hartnäckigkeit. Wenn etwas nicht gleich funktioniert, dann versuche ich es noch mal und noch mal – meine Geduld kennt kein Ende. Ich rege mich sehr selten auf. Auch wenn das Schlimmste passiert, bleibe ich easy-locker. Es gibt immer eine Lösung für jedes Problem.

Gibt es einen Ort, an dem du unbedingt einmal spielen möchtest?

Ja, in Nordkorea vor dem Königspalast. Oder irgendwann einmal auf dem Mond. Aber in Nordkorea auf jeden Fall. Denn eines meiner Ziele ist es, jede Hauptstadt auf der Welt zu bereisen.

Davide Martello, 32, ist gelernter Frisör, reist nun aber bereits seit mehreren Jahren mit seinem umgebauten Flügel um die Welt. Er bespielt architektonisch interessante Plätze und träumt davon, in jeder Hauptstadt der Welt zu spielen. Seinen Flügel transportiert er in einem Anhänger mit Seilwinde.

Hoch hinaus

Die Geschichte meiner Faszination begann in meinem achten
Lebensjahr, als meine Eltern mich zum ersten Mal in die bizarre
Felslandschaft des Elbsandsteingebirges mitnahmen.

Von Anfang an begeisterten mich die Erzählungen von den
mutigen Männern und Frauen, die sich – mit den für dieses Gebiet
typischen spärlichen Sicherungen – den Weg nach oben erarbei-
teten. Besonders beeindruckt war ich von den Kletterpionieren,
die Anfang des 19. Jahrhunderts in eine bis dato völlig unbekannte
Route einstiegen und Abenteuer erlebten, die man selbst nur aus
Büchern kennt.

Ich selbst war hingegen immer sehr ängstlich und begann ab
einer bestimmten Höhe oder bei den kleinsten Schwierigkeiten sofort zu heulen. Auch Jahre später, als meine Klettererfolge langsam
eins mit meinen Vorstellungen von damals wurden, hätte ich nicht
gedacht, einmal selbst Pionierarbeit zu leisten ...

Wie alles begann

2007 lerne ich auf einem Campingplatz in Frankreich meine ersten
Schritte auf der Slackline, d. h., ich balanciere auf einem wenige
Zentimeter breiten, flachen Band. Der Ursprung des Sports liegt
ebenfalls auf einem Campingplatz, allerdings in den USA im Yose-
mite Valley. Dort spannten Kletterer an Regen- oder Pausentagen
ihre Seile und Schlingen an Bäumen, um darauf zu balancieren.
Mein Einstieg ist also durchaus sehr klassisch.

Es vergeht nicht viel Zeit und ich besitze meine erste eigene
Line. Mein Studium in Bayreuth räumt mir viel Zeit fürs Üben ein
und ich erarbeite mir mit einigen guten Freunden die ersten Tricks.
All die Jahre hatte ich riesiges Glück, immer auf die richtigen
Mitstreiter zu treffen. Allein sind viele Dinge langweilig oder un-

möglich, ich hingegen fand die besten Begleiter meines Lebens und unsere Leistungen explodierten förmlich.

Der Sport erscheint am Anfang unmöglich. Man setzt seinen Fuß auf die Line und möchte aufstehen, aber die Beine zittern, schlagen unkontrollierbar umher und man hat keine Chance, auch nur einen sauberen Schritt zu machen. »Schlüssellochsportart« nennt sich so etwas.

Man muss es einmal begriffen haben, sich quasi durch ein extrem kleines (Schlüssel-)Loch zwängen, in diesem Fall laufen lernen, und dahinter eröffnet sich ein großer Raum an Möglichkeiten.

One-Eightys, Three-Sixties, Grabs, Sprünge auf nur einem Bein und über die ganze Länge der Line hinweg. Sitzen, Liegen, Tricks auf den Knien, Schienbeinen oder dem Spann bis hin zum Surfen, eine Art Schwingen von links nach rechts, gehörten bald zu unserem Standardrepertoire. Wir versuchen, altbekannte Skatertricks zu imitieren und auf Youtube gibt es sogar schon den ersten Backflip zu bewundern.

Große Fortschritte

Für die meisten Menschen ist Slacklinen ein Zeitvertreib im Park, wir fahren mittlerweile nur noch zum Trainieren raus. Für viele unserer Mitmenschen ist es schwer zu verstehen, dass wir nicht zum Chillen und Quatschen dort sind. Zu Höchstzeiten trainieren wir fünf bis sieben Tage die Woche, oft mehr als fünf Stunden am Tag. Dabei fühlt es sich nie nach hartem Training an. Es sind immer die Freude an der Bewegung und die sehr regelmäßigen Erfolgserlebnisse, die eine Art Abhängigkeit verursachen und uns antreiben: erst einen Schritt, dann drei, dann die ganze Line. Am nächsten Tag kann man sich schon umdrehen. Dann spannt man die Line fünf Meter länger, dann zehn und schließlich knackten wir sogar die 100-Meter-Marke, was zumindest 2009 eine nicht alltägliche Leistung war.

Außerdem liebe ich Ganzkörperbewegungen. Alles muss zusammenspielen. Beine und Arme sind ja noch offensichtlich, aber auch die Schultern, der Rücken und die Bauchmuskeln werden stark beansprucht. Als wäre das nicht genug, muss man auch noch seinen Kopf anstrengen. Ständige Konzentration in Verbindung mit komplexen Bewegungsabläufen ist an der Tagesordnung.

Seine Perfektion findet das Ganze im Highlinen. Dabei spannt man das Band nicht mehr zwischen zwei Bäumen über eine Wiese, sondern bis zu 1500 Meter über dem Erdboden.

Bei dieser Spielart des Slacklinens ist der Kopf das größte Hindernis. Ein typisches Zeichen von Angst ist das Erstarren. Der ganze Körper spannt sich an, das einzig weiche sind die Knie. Genau das Gegenteil ist aber notwendig.

Der ganze Körper muss völlig entspannt sein, die einzelnen Muskeln dürfen sich nur straffen, wenn sie auch benötigt werden.

Keine leichte Aufgabe, wenn man auf einem 2,5 Zentimeter breiten Band über eine Schlucht läuft ...

Aber auch der Körper macht es zusätzlich schwer. Ohne Boden fehlt den Augen ein optischer Referenzpunkt, und das Gleichgewicht wird stark beeinträchtigt, dasselbe passiert beim allgemein bekannten Höhenschwindel.

Diese beiden Effekte machen es für fast jeden Highlineanfänger unmöglich, überhaupt nur aufzustehen oder mehr als ein paar Schritte zu machen.

Doch meine Freunde und ich geben nicht auf, motivieren uns gegenseitig und schon bald kommen die ersten Erfolge. Auf einem Slacklinefestival lernen wir dann zwei Profis kennen und verstehen uns auf Anhieb mit ihnen. Kurze Zeit später sind wir mit den beiden

Der ganze Körper spannt sich an, das einzig weiche sind die Knie.

auch auf der Line unterwegs, lernen noch mehr Highliner kennen und werden in die Welt der richtig hohen und richtig langen Lines aufgenommen.

Wir reisen viel und highlinen überall. Zuerst in Bayern, dann kommen die Schweiz, Meteora in Griechenland, Berlin, Wilder Kaiser in Österreich, Monaco, Frankreich, Tschechien, Polen, Spanien, Bulgarien, Schweden … Es geht um nichts anderes mehr, ich nehme mir sogar eine Pause vom Studium.

Geld haben wir nie. Wir trampen die weiten Strecken und laufen den Rest.

Unsere Wohnungen werden immer wieder zur Zwischenmiete gestellt und mit ein paar Slackline-Workshops und -Shows finanzierten wir das Essen.

Aus diesen Shows ergibt sich schließlich ein richtig großer Coup. In München werden die Outdoortage veranstaltet, eine Art große Mitmach-Messe. Diese finden im alten Olympiastadion mitten im Herzen der Stadt statt. Über 10.000 Besucher werden erwartet und wir sollen für etwas Action sorgen.

Das Stadion besitzt eine Zeltdachkonstruktion, die von 80 Meter hohen Pylonen gehalten wird. Zwischen den beiden mittleren soll unsere Line gespannt werden.

Die Länge macht uns Sorgen, denn mit 61 Metern liegt sie nur sechs Meter unter dem damaligen Weltrekord. Die längste urbane Highline bis dahin ist es auf jeden Fall und noch nie gab es so viele Zuschauer. Sind wir so gut? Wie stark ist der Wind, wie ist die persönliche Tagesform und wie nervös machen uns die vielen Menschen? Und dazu diese unglaubliche Exposition, nichts um uns herum außer zwei leicht schrägen Metallnadeln!

Ich persönlich kann all diese Fragen immer erst beantworten, wenn ich mit beiden Füßen auf der Line stehe. Manchmal zwinge ich mich gegen die Angst auf die Line, mein Puls rast und alles klappt ganz leicht, manchmal bin ich überheblich lässig und es geht gar nichts.

Aber wir haben Glück: Ich habe einen guten Tag, das ganze Team ist unglaublich stark. Hier geht es um etwas. Nicht nur, dass ich nah an meinen eigenen Grenzen laufen muss, wir schreiben spätestens jetzt ein Stückchen Slacklinegeschichte mit, sind plötzlich in der weltweiten Szene ein Begriff.

Grenzen überwinden

Die Sportart ist immer noch unglaublich jung und entwickelt sich rasant. Die Rekorde verschieben sich mehrfach jährlich, häufig werden sie von jungen Newcomern gebrochen, die noch niemand kennt und die kaum zwei oder drei Jahre dabei sind. Das Wissen darüber, was möglich ist und was nicht, lässt eine enorme Lern- und Leistungssteigerung zu.

Aber die aktuellen Grenzen zu überwinden, etwas zu tun, was vorher noch nie jemand gemacht hat, ist und bleibt eine enorme psychische Herausforderung. Gleichzeitig ist sie in meinen Augen die Haupttriebkraft der ganzen Szene. Man ist immer noch einer von ganz wenigen, die überhaupt highlinen. Jeder ist hauptsächlich an Erstbegehungen interessiert, denn wir können uns in die Luft stellen, laufen, wo noch nie zuvor ein Mensch gelaufen ist.

Bei mir hat sich mittlerweile einiges geändert.

Mit nur sechs Jahren Highlineerfahrung gehöre ich zu den alten Hasen.

Mein Studium ist abgeschlossen und ich bin selbstständiger Industriekletterer, d. h., ich arbeite an hohen Gebäuden, Masten, Brücken, Windrädern und so weiter ... Es war gut, das zu machen, was mir am meisten Freude bereitet. So hat mir meine inoffizielle Haupttätigkeit einen guten Job, Menschen- und Sprachkenntnis, meine besten Freunde und unbezahlbare Erfahrungen beschert.

Mit dem Highlinen aufzuhören kam und kommt für mich aber nie in Frage. Dass ich nicht mehr so oft unterwegs bin, wird durch Qualität ausgeglichen. So war ich an der allerersten Slackline-expedition im Dschungel Venezuelas beteiligt, um dort am höchsten Wasserfall der Welt an einer Erstbegehung teilzunehmen. Und ich konnte eine Slackline zwischen zwei Hochhäusern in Berlin verwirklichen, begleitet von einem Kamerateam.

Überhaupt geht es viel mehr um das große Ganze. Die Planung, das Wandern mit schwerem Gepäck, das Bergsteigen mit möglichst vielen harten Kletterpassagen und ein aufwendiger Aufbau der Highline sind mindestens genauso wichtig wie die eigentliche Begehung. Mögliche Wiederholer sollen es so schwer wie möglich haben.

Pläne für neue Highlines habe ich ohne Ende, ob über den Polarkreisen oder an den richtig hohen Bergen dieser Erde, an die sich bisher noch keiner gewagt hat. Diese Sportart lässt mich sicher nie wieder los.

Der zurzeit beste Europäer ist übrigens gerade mal 18 Jahre alt, also haltet euch ran!

Helmar Fasold, 27, war von klein auf häufig in den Bergen unterwegs, zunächst als Kletterer und Bergsteiger. Während der Studienjahre in Bayreuth gründet er mit drei Freunden das »SlacklineProject«, eine Zeit, in der ihnen viele Erstbegehungen gelingen. Heute arbeitet Helmar Fasold als Industriekletterer.

Ich bin ein Survivor

Ich denke ständig an Musik, zu Hause, unterwegs, im Schlaf … Musik ist immer in meinem Kopf. Wenn ich eine Idee für einen Song habe, fange ich sofort an, den Text in mein Handy zu schreiben oder die Melodie aufzunehmen, im Freestyle. Ich sage dann irgendwas, egal in welcher Sprache und mit welcher Melodie, was halt dazu passt. Meistens texte ich auf Englisch, manchmal auch auf Somalisch, aber eher selten, denn Somali ist zwar meine Muttersprache, aber weil ich in Kenia aufgewachsen bin, spreche ich fast genauso gut Englisch. Ich würde sehr gerne auf Deutsch texten, aber irgendwie habe ich noch nicht das Gefühl, dass ich so weit bin. Erst mal muss mein Deutsch noch besser werden.

Mit Musik habe ich schon früh angefangen, mit neun Jahren, damals guckte ich mir alles von meinen Cousins ab. Die haben immer Hip-Hop gehört, der war ziemlich angesagt, und sie haben alles, was sie gehört haben, nachgerappt.

Ich war so ein kleiner, cooler Junge, ich habe mitgesungen und mitgetanzt und das hat mir riesigen Spaß gemacht. Da wusste ich, dass ich etwas Besonderes gefunden habe.

Hip-Hop ist wie ein Gedicht: Er gibt mir die Chance, Menschen etwas von mir zu erzählen. Meine Geschichte, alles, was ich weiß, was ich bin und vorhabe zu sein.

Da gab es dieses Lied, »Lil' Homies« von Tupac, über kleine Jungs, die etwas erreichen wollen, das hat mich total inspiriert. Es war das erste Hip-Hop-Lied überhaupt, das ich kannte. Tupac finde ich sehr korrekt, ein großes Vorbild, einer, der über alle wichtigen Themen geredet hat: über Freiheit, über Rassismus, über

Faschismus, über Religion, über alles – und er fing auch als kleiner Junge an, wie ich. Deshalb habe ich mich gefühlt wie er. Wie
er aufgewachsen ist, relates to my life. Das war der Beginn. Ich
habe sein Lied auswendig gelernt und es gerappt, in der Schule,
mit meinen Freunden. Und irgendwann habe ich dann eigene Texte
geschrieben.

Wenn du mitten auf der Straße anfängst zu rappen, bleiben die Leute oft stehen und lächeln. Musik versteht jeder, egal, wo du bist.

Die Leute kommen zu dir, ob sie dich verstehen oder nicht, und
sagen, dass es ihnen gefällt. Das ist großartig.

Als ich vor ein paar Jahren von Afrika nach Europa kam, habe
ich in Polen fast ein Jahr mit ein paar Leuten Straßenmusik gemacht. Das war harte Arbeit, trotzdem hat es Spaß gemacht, denn

es gefiel vielen Menschen. Kurz darauf hat mich ein Produzent entdeckt, mit mir eine CD produziert und ich war auf Tour.

In Polen konnte ich aber nicht bleiben. Es war die Hölle, drei Jahre lang. Ablehnung, Hass, Rassismus, das waren die schlimmsten Erfahrungen in meinem Leben. Es kam mir noch schlimmer vor als in Afrika. Wenn du weißt, dass du allein bist, und kaum jemanden hast, der dich unterstützt, und du anders bist als die anderen, ohne Familie, ohne Freunde, und die Leute dich ablehnen, ist das schrecklich. Wenn ich heute so leben müsste, als Erwachsener, könnte ich mit bestimmten Sachen umgehen, aber als Kind ...

Dann hat mir jemand von Norwegen erzählt und gesagt, in Norwegen gibt es viele unterschiedliche Menschen, dort sieht man mich nicht nur als »den« Schwarzen. Dort leben viele Nationen zusammen. Das war die Chance, ein neues Leben aufzubauen. Der Typ hat mir gesagt, dass mir das in Polen nie gelingen würde. Mit seiner Hilfe bin ich dann nach Norwegen gegangen. Während der zwei Monate dort habe ich das erste Mal das »echte« Leben in Europa kennengelernt.

Kaum Hass, wenig Rassismus – ich habe gesehen, dass ich in diesem Land etwas erreichen kann. Aber in Norwegen durfte ich nicht bleiben. Ich musste zurück nach Polen.

Ich habe mir immer selbst vertraut, aber die Zeit in Polen war schlimm. Vollkommen umsonst. Weil ich einen Flüchtlingsstatus hatte, durfte ich wenigstens in Europa rumreisen, so habe ich überlegt, in welchen Städten möglichst viele unterschiedliche Menschen leben. Paris, London, Stockholm, Frankfurt, Berlin ... ? Als ich gehört habe, dass es in Frankfurt eine große Hip-Hop-Szene gibt und die Stadt multikulturell ist, wusste ich, ich muss doch gar nicht weit gehen! Also kam ich her.

Ich habe mir ein Zugticket gekauft und die ganze Fahrt über, 20 Stunden lang, geschlafen. Die Reise nach Frankfurt war tatsächlich die einfachste meiner ganzen Reisen. Als ich hier ankam,

Hip-Hop-
Szene
multi-
kulturell

wurde ich geweckt und jemand sagte: Jetzt bist du in Frankfurt. Ich habe mich riesig gefreut. Damals konnte ich überhaupt kein Deutsch und die vom Jugendamt haben mich gleich am zweiten Tag in die Schule geschickt. Das war vor vier Jahren. Nachdem ich angekommen war, habe ich schnell nette Menschen kennengelernt und wusste, hier war es: das Leben, das ich mir in Afrika vorgestellt hatte.

Ein schönes Leben, voller Menschlichkeit. Ein Land, in dem die Menschen anderen, die Probleme haben, helfen. Das habe ich hier gefunden.

Auch mit der Musik ging es direkt los. Gleich zu Beginn habe ich Leute getroffen, die ein Studio hatten. Am ersten Tag haben wir geredet, dann angefangen, aufzunehmen. Ich habe sogar einen Contest gewonnen, durfte aber den Vertrag wegen meines Flüchtlingsstatus nicht unterschreiben. So verlor ich die Plattenfirma. Ich bekam kein dauerhaftes Bleiberecht, weil ich über Polen nach Europa eingereist bin, und so konnte ich nicht arbeiten und durfte kein Geld verdienen. Die von der Plattenfirma haben gesagt, du kannst es, aber du darfst nicht … Was sollte ich tun? Trotzdem habe ich nicht aufgegeben, sondern mit Freunden weitergearbeitet und irgendwann war das Album fertig. Dann fingen wir mit dem zweiten Abum an, mit denselben Leuten. Dabei habe ich viele interessante Menschen getroffen, Heinz Ratz zum Beispiel. Er produziert viele Flüchtlinge und hat uns nach Hamburg eingeladen. Mit ihm waren wir zweimal auf Tour.

Als das Album fertig war, musste ich eine Ausbildung anfangen. Um eine Chance zu haben, in Deutschland bleiben zu können.

Für die Ausbildung habe ich meine eigene Musik zurückgestellt. Die Ausbildung ist eine ganz neue Herausforderung für mich. Mittlerweile fehlt mir die Zeit, nachzudenken, zu texten, das geht nicht nebenher. Ich bin jetzt mit Deutschen in einer Berufsschulklasse, die alle hier geboren sind, die alle fließend Deutsch sprechen, schon immer zur Schule gegangen sind. Das ist für mich die aktuelle Herausforderung: zu schaffen, was sie schaffen. Das ist echter Druck. Ich akzeptiere von ganzem Herzen, dass ich nicht die gleichen Voraussetzungen und Chancen habe wie sie. Aber ich weiß, ich bin in etwas gut: Musik und Sprachen.

Trotzdem hat sich etwas in mir verändert. All die Jahre nicht zu wissen, ob ich hier, wo ich mich zu Hause fühle, auch bleiben kann, hat Spuren hinterlassen. Als ich vor ein paar Jahren nach Deutschland kam, dachte ich: In fünf Jahren bin ich mit meiner Musik erfolgreich, bringe Alben raus, verkaufe CDs, alle kennen mich, ich arbeite mit den unterschiedlichsten Künstlern. Damals hatte ich diesen Willen und diese Kraft, ich wusste, nichts kann mich zurückhalten. Ich bin jetzt hier, in dieser Stadt, die mir so vieles bietet. Vom ersten Tag an in Deutschland klappte alles. Es war, als hätte ich in Frankfurt eine Familie gefunden, alle waren freundlich und ich wusste: Ich muss nicht schlafen oder ausruhen, sondern lernen und Musik machen. Aber mit der Zeit wurde es schwieriger. Ich habe keinen offiziellen Status bekommen, keine Papiere, mir drohte ständig die Abschiebung und im Laufe der Zeit ging es mir deswegen immer schlechter. Jetzt sind vier Jahre vorbei, und meine Energie ist weg. Das liegt nicht daran, dass mir die Ausbildung schwer fällt, sondern daran, dass ich mich ohne Papiere wie ein Niemand fühle.

Im Moment bin ich deshalb richtig am Arsch. Meine Situation macht mich total hoffnungslos. Ich habe die Energie und das Selbstvertrauen, die ich hatte, als ich hierher kam, nicht mehr. Wäre ich gleich nach Deutschland gekommen, wäre es jetzt nicht so schwierig! Aber weil ich über Polen in die EU eingereist bin, besteht immer die Gefahr, dass ich dorthin abgeschoben werde. Da möchte ich nie wieder hin, eher gehe ich nach Somalia zurück.

Ich habe mich in den letzten Jahren verändert, bin nicht mehr so wie früher, als ich dachte, ich kann alles schaffen. Ich denke jetzt häufiger: Vielleicht, vielleicht … Ich habe früher richtig Gas gegeben, bin über meinen Höhepunkt gerannt – jetzt bin ich müde. Ich habe das Schöne aus dem Blick verloren. Aber ich versuche es trotzdem. Ich war immer ein Survivor.

Ich versuche, ganz normal weiterzuleben. Als mir klar wurde, dass es mit der Musik, parallel zur Ausbildung, nicht mehr so weiter läuft, wie ich mir das vorstelle, habe ich angefangen aufzulegen. Ich wusste, ich muss jetzt was anderes finden, was ich nebenher machen kann. Auflegen hat nichts mit Begabung oder Talent zu tun. Es hat mit Willen zu tun. Es ist ein ganz normaler Beruf. Deswegen habe ich angefangen, es zu lernen und damit zu arbeiten. Aber tausendmal einfacher wäre für mich, zu rappen.

Wenn ich auflege und die Lieder höre, denke ich aber oft, da könnten auch meine Lieder laufen …

Seit ich zwei Jahre alt bin, war ich allein unterwegs. Ich bin allen, die mir geholfen haben, immer dankbar. Wer nicht den Menschen dankt, dankt mir nicht, sagt Gott. Ohne Menschen und die, die mir geholfen haben, wäre ich nicht am Leben. Ich weiß, die Leute erwarten nicht, dass ich ihnen etwas zurückgebe. Aber ich denke trotzdem darüber nach. Ich will selbstständig sein, mir selber helfen, selber etwas bewegen, aber trotzdem brauche ich Hilfe. Deshalb befürchte ich, die Leute fragen sich irgendwann, wie lange geht das noch so weiter?

Ich kann sechs Sprachen, und ich würde mir wünschen, die Chance und die Freiheit zu haben, diese sechs Sprachen zu nutzen. Weil ich damit einen sehr anerkannten Beruf ausüben könnte: Dolmetscher. Und wieder Musik machen, das ist mein Traum.

Yahye Adan Duale wurde in Somalia geboren und wohnt seit einigen Jahren in Frankfurt am Main. Er lebt und liebt Hip-Hop, hat mehrere Platten aufgenommen und war u. a. im Vorprogramm von Wyclef Jean zu sehen. Er und seine Freunde kämpfen, seit er nach Frankfurt kam, dafür, dass Yahye ein dauerhaftes Bleiberecht bekommt.

Menschen zum Nachdenken anregen – das ist ein Erfolg!

Sara setzt sich seit mehr als zehn Jahren für Natur- und Umweltschutz ein

Schon während meiner Schulzeit habe ich aktiv an den Anti-Castor-Protesten im Wendland teilgenommen, und seitdem ich bei Robin Wood aktiv bin, engagiere ich mich vor allem im Anti-Atom-Bereich und für den Schutz der Tropenwälder. Beide Themen sind mir persönlich sehr wichtig.

Ich bin in Hamburg groß geworden, das ist nicht weit von Gorleben, wo hoch radioaktiver Müll in einem oberirdischen, sehr unsicheren Zwischenlager liegt.

Auch gibt es in der Nähe von Hamburg mehrere Atomkraftwerke. Ich finde es unglaublich, dass immer mehr hoch radioaktiver Atommüll produziert wird, ohne dass wir wissen, wo er sicher gelagert werden kann. Mit dem für Störfälle sehr anfälligen Betrieb von Atomkraftwerken und der Lagerung des anfallenden hochgefährlichen Mülls bin ich durch die Auswirkungen des Tschernobyl-Super-GAUs 1986 schon früh konfrontiert worden. Mich gegen die Nutzung von Atomkraft zu engagieren war ein Grund für mich, bei Robin Wood ein Praktikum anzufangen.

Unfassbar finde ich auch, dass wir Menschen nicht aufhören, eines der höchsten Güter der Erde immer weiter zu zerstören. Der Tropenwald ist eine unersetzbare Lebensgrundlage für Tausende von Tierarten, aber auch für den Menschen. Der tropische Wald ist einer der wichtigsten Kohlenstoffdioxidspeicher der Welt, und durch seine Abholzung wird immer mehr Kohlenstoffdioxid freigesetzt, was erheblich mit zur Erderwärmung beiträgt. Bald wird es diesen wertvollen Lebensraum nur noch in kleinen, begrenzten Nationalparks geben. Die Palmölproduktion ist mittlerweile zu einem erheblichen Grund für die Abholzung der tropischen Wälder geworden.

Sowohl die Nutzung radioaktiver Elemente (wie z. B. Uran) als auch die Zerstörung der Tropenwälder haben starke Konsequenzen für die Erde und unser Leben auf dieser Welt. Menschen sind konkret betroffen, indem sie ihr Zuhause durch z. B. radioaktive Unfälle sowie Vertreibung zugunsten der Abholzung von Wäldern und des Anbaus von Palmöl verlieren.

Menschen werden ins Gefängnis gesteckt, weil sie sich nicht vertreiben lassen wollen, sondern weiterhin auf ihrem Land in den Tropenwäldern leben und sich selbst versorgen wollen. Menschen erkranken an Krebs und sterben, weil sie zu nah an Atomkraftwerken oder Zwischenlagern wohnen.

Es gibt so viel zu tun. Robin Wood bietet die Möglichkeit, sich aktiv zu beteiligen, sich voll einzubringen und den Verein auf allen Ebenen mitzugestalten.

Der Funke springt über

Ich wollte gern zwischen Schule und Studium ein Jahr Pause machen, aber irgendwie auch etwas Sinnvolles tun. Da habe ich ein Praktikum bei Robin Wood angefangen. Robin Wood hatte vor allem mein Interesse durch die damaligen Aktionen geweckt, die ich toll und beeindruckend fand.

2001 wurde der Castor zum ersten Mal richtig lang aufgehalten – durch Menschen von Robin Wood und aus dem wendländischen Widerstand, die sich ans Gleis gekettet hatten. Mich hat fasziniert, dass es Menschen gibt, die bereit sind, sich für die Umwelt einer solchen Extremsituation auszusetzen. Der Funke ist dann erst nach meinem Praktikum so richtig übergesprungen, als ich zum ersten Mal an einer von Robin Wood organisierten Floßtour teilgenommen habe. Das gemeinschaftliche Leben auf dem selbst gebauten Holz-

floß und das Verbreiten von umweltpolitischen Inhalten auf diese
Art und Weise haben mich begeistert.

Intensive Zeiten

In der Hochzeit meines Engagements ... da war ich zunächst
Aktivistin und habe an Aktionen teilgenommen. Dann war ich zu
unterschiedlichen Zeitpunkten insgesamt drei Jahre im Vorstand
von Robin Wood und habe mich in den jeweiligen meinem Wohnort
zugehörigen Regionalgruppen von Robin Wood aktiv beteiligt. Das
hieß schon im Prinzip, jeden Tag neben Studium und Arbeit mehrere Stunden ehrenamtlich zu arbeiten (meistens dann abends oder
nachts) – an Inhalten, Strukturen usw. Dann noch mehrmals im
Monat – meist am Wochenende – irgendwelche Treffen, was dann
damit verbunden war, sehr viel unterwegs und kaum zu Hause zu
sein. Teilweise hieß das auch, wochenlang kaum etwas anderes zu

tun, wie zum Beispiel 2007/2008 bei der Buchenbesetzung gegen den Bau einer neuen Autobrücke über die Elbe in Dresden. Da habe ich auf dem Baum gelebt und bin zwischendurch vom Aktionsort aus zur Arbeit und zur Uni gefahren. Aber auch die Floßtouren haben ein wochenlanges Engagement erfordert. Da ist dann nicht viel Raum für anderes.

Aber auch Jahre nach Aktionen müssen meine Mitstreiter/ -innen und ich uns noch mit der Kriminalisierung unseres Protests auseinandersetzen. Das ist oft sehr mühsam und zäh und kann sich echt lang hinziehen. Doch die Ergebnisse solcher Prozesse zeigen immer wieder, dass es sich lohnt, sich gegen unberechtigte Strafbefehle zu wehren, indem man sie nicht akzeptiert, sondern Widerspruch einlegt und es dadurch zu einem Prozess vor Gericht kommen lässt.

Die Höhepunkte meiner bisherigen Zeit als Aktivistin waren die Momente, in denen lang vorbereitete Aktionen klappten.

Besonders eingeprägt haben sich die Floßtouren – das gemeinschaftliche Unterwegssein auf dem Wasser –, die Buchenbesetzung und die Aktionen gegen Castortransporte und Palmölproduzenten.

Das Gemeinschaftsgefühl und das Gefühl, dass es Menschen gibt, die ähnliche Vorstellungen und Ziele haben, geben mir Kraft. Außerdem fasziniert mich das Gefühl, Herausforderungen und Extremsituationen meistern zu können. Ich würde immer eher von Extremsituationen als von »Gefahren« sprechen, weil wir uns sehr gut auf Aktionen und die verschiedensten Szenarien vorbereiten. Trotzdem geraten wir manchmal in Situationen, in denen wir an unsere Grenzen stoßen. Es kommt ja auch immer darauf an, wie andere, z. B. Polizisten, reagieren, und eine Grenzsituation kann auch durch psychische Überlastung entstehen.

Ich glaube, was mir im Nachhinein bei vielen Aktionen besonders stark im Gedächtnis ist, ist die Unterstützung durch fremde Leute. Das sind echt mit die schönsten Erlebnisse – wenn wildfremde Menschen vorbeikommen und einen durch Worte, Taten, Spenden etc. unterstützen. Das gibt zumindest mir immer wieder neue Kraft und führt dazu, dass ich das Gefühl habe, das Richtige zu tun, und mich dann auch wieder mit neuer Kraft auf die doch häufig Energie kostenden Aktionssituationen einlassen kann.

Außerdem habe ich viele gute Erinnerungen an die sehr anstrengenden Vorstandszeiten. Eng mit Menschen zusammenzuarbeiten, sich auszutauschen und an gemeinsamen Zielen zu arbeiten kann sehr wertvoll und bereichernd sein.

Bewusst eine Grenze überschreiten

Jede Aktion ist immer wieder aufregend und besonders, mag sie noch so »klein« sein. Aber gerade die Situationen, in denen wir es geschafft haben, erst einmal zu bleiben (durch Ankettung, das Aufstellen nicht verschiebbarer Gegenstände, Baumbesetzungen etc.), sind für mich ganz besonders und auch Kraft gebend.

Schon vor meinem Engagement bei Robin Wood war ich auf den Anti-Castor-Protesten im Wendland, um gegen das dort geplante Endlager in Gorleben zu demonstrieren, sowie auf der einen oder anderen Demonstration. Das erste Mal im Wendland war sehr bedeutsam für mich. Ich glaube, da war ich 17 Jahre alt.

Der Zusammenhalt der Demonstrierenden und die Auseinandersetzungen mit der Polizei sind mir noch sehr präsent.

Ich war erschüttert von der Überpräsenz und Willkür der Polizisten und Polizistinnen und den undemokratischen Verhältnissen. Dort zählen in der Zeit der Atommülltransporte Grundrechte wie Meinungsfreiheit, Versammlungsfreiheit, Recht auf Leben und körperliche Unversehrtheit nichts mehr – im Gegenteil. Umfangreiche Verbote, unzählige Ingewahrsamnahmen ohne Rechtsgrundlage, erkennungsdienstliche Behandlungen und vieles mehr sind an der Tagesordnung.

Eine Situation ist mir noch besonders gut im Kopf: Am Ende meiner ersten Proteste gegen den Atommülltransport haben wir es – nachdem wir zuvor mehrere Polizeiketten umgangen hatten – gerade doch noch bis zur Straße geschafft, als der Castortransport an uns vorbeifährt. Wir sind müde, völlig erschöpft und müssen den ganzen Weg wieder zurücklaufen. An uns fahren unzählige Polizeiwagen vorbei mit glücklichen Polizisten und Polizistinnen, die uns den Stinkefinger zeigen und Schilder hochhalten, auf denen »Ätschi bätsch« steht – das war schon ganz schön hart und auch frustrierend.

Aber letztendlich hat das auch dazu beigetragen, dass ich nicht aufgehört habe, mich gewaltfrei für meine Rechte, Ansichten und Überzeugungen einzusetzen.

Was denken andere?

Widerstände gibt es immer. Aber weniger im Freundes-, Bekannten- und Familienkreis als von wildfremden Personen, die meinen, einen angreifen zu müssen, die kein Verständnis für Umweltaktive haben und einen deshalb abwerten. Ich glaube, dass ich nie so dogmatisch war, dass Freunde sich abgewendet haben. Meine Freunde und Familie finden gut, was ich mache. Als Herausforderung sehe ich manchmal eher die unterschiedlichen Lebensstile bzw. dass es für Nichtbeteiligte schwer nachzuvollziehen ist, was ich erlebt habe und erlebe, wenn ich mal wieder von einer Aktion nach Hause komme. Das sind dann gefühlt manchmal ganz schön verschiedene Welten. Aber ich würde sagen, dass es umgekehrt ist und ich über das umweltpolitische Engagement sehr viele Freunde gefunden habe.

Und auch bei den jetzt noch laufenden Gerichtsprozessen erfahre ich Zuspruch und Unterstützung. Es sind immer gewaltfreie Aktionen gewesen und ich glaube, meinem Umfeld geht es auch eher so, dass sie die Kriminalisierung der Aktivisten erschreckend finden. Gegenüber Aktivisten wird immer härter durchgegriffen. Sich gegen Repression zu wehren ist leider mit viel Aufwand und Kraft für die Aktivisten verbunden. Aber es hat sich immer wieder gezeigt, dass es durchaus erfolgreich sein kann, sich gegen ungerechtfertigte Strafbefehle zu wehren.

Die Konzerne, die für die Umweltzerstörung und die Menschenrechtsverletzungen verantwortlich sind, gehen dagegen straffrei aus. Zudem kommt es so gut wie gar nicht vor, dass Polizisten für rechtswidriges Verhalten Konsequenzen tragen müssen.

Woran erkennt man Erfolg?

Im Prinzip sind alle Aktionen erfolgreich, solange sie in der Öffentlichkeit landen und Menschen darauf aufmerksam werden. Menschen durch Aktionen zu erreichen, zum Nachdenken anzuregen und zu ermutigen, in ihrem Protest einen Schritt weiterzugehen, bedeutet einen Erfolg. Und auch wenn zum Beispiel die Buche, die wir in Dresden aus Protest gegen die autofixierte Verkehrspolitik der Stadt besetzt gehalten hatten, 2008 gefällt wurde, haben wir unglaublich viele Menschen erreicht und eine wahnsinnige Unterstützung erfahren. Das war total beeindruckend.

Die unterschiedlichsten Menschen sind tagtäglich vorbeigekommen und haben uns Spenden an Essen, Material etc. vorbeigebracht. Solche Erlebnisse geben mir viel Kraft.

Natürlich verzweifle ich daran, dass wir immer noch Atomkraftwerke am Netz haben, dass immer noch Uran in Deutschland (auch für die Waffenindustrie) aufbereitet wird und dass immer mehr Tropenwald – das höchste Gut der Menschen – zerstört wird. Aber es gibt auch immer wieder kleine Erfolge, z. B. dass bestimmte Konzerne ihre Einkaufspolitik verändern und Produkte aus Tropenwald-Raubbau aus dem Sortiment nehmen. Und dass nach

Fukushima in Deutschland zumindest einige Atomkraftwerke vom Netz gingen, wäre ohne eine starke Anti-Atom-Bewegung und viele entschlossene Aktionen nicht denkbar gewesen.

Sara Lampmann, 32, ist der Umweltorganisation »Robin Wood« seit ihrem Praktikum nach der Schulzeit eng verbunden. Auch in anderen Bereichen macht sie sich stark, ist z. B. Gründungsmitglied beim Verein manita e. V. Sie ist Diplom-Psychologin und arbeitet als systemische Therapeutin.

Ein Mensch an einem Zeichentisch kann eine ganze Welt erfinden

Interview mit Marijpol, die Comics zeichnet

Du hast einen Beruf, den viele vielleicht als »Traum« bezeichnen würden: Du zeichnest Comics. Wie alt warst du, als du deinen ersten Comic erfunden hast, und wie bist du professionelle Comicautorin und Künstlerin geworden?

Als Jugendliche habe ich oft ganze Sommerferien damit verbracht, zu basteln, Objekte zu bauen, zu malen und mir Geschichten auszudenken. Meine Leidenschaft hat sich schon früh gezeigt, aber erst im Studium hat sie sich auf Comics zugespitzt und ich bin mir bewusst geworden, dass Bildgeschichten das Medium sind, in dem ich mich am besten ausdrücken kann. Dabei hat mich die klassische Art, Comics zu zeichnen, etwa in der amerikanischen Tradition der Superheldencomics, nie interessiert. Heute finde ich die Comics am spannendsten, die eine außergewöhnliche Art, zu zeichnen, mit persönlichen Geschichten verbinden. Ich mag zum Beispiel Marko Turunnen mit seinen Tuschezeichnungen oder Michelangelo Setolas schmierige Bleistiftzeichnungen, in denen jedes Detail genau beobachtet ist. Daniel Clowes Zeichnungen haben für mich genau die richtige Mischung an Klarheit und Verformung.

Als ich nach dem Abitur über ein Studienfach nachdachte, war sonnenklar, dass ich »irgendwas mit Kunst« machen wollte. Alle anderen Fächer schienen mir damals im Lichte meiner kreativen Erfüllung geradezu sinnlos. Meine Eltern haben mich unterstützt. Schließlich wussten sie, wie glücklich es mich machte, kreativ zu sein.

Das Studium war am Anfang schwierig. Ich habe vieles ausprobiert, zum Beispiel Film und Trickfilm, und langsam herausgefunden, dass ich am Zeichnen die Unabhängigkeit schätze: Ein Mensch allein an einem Zeichentisch kann eine ganze Welt erfinden!

Die Voraussetzung dafür, meinen eigenen Stil zu entwickeln und etwas wirklich Außergewöhnliches zu schaffen, war eine gewisse Borniertheit: Ich habe mich im Studium von Anfang an darauf konzentriert, meine eigenen Geschichten zu entwickeln, und mir nur Kurse rausgesucht, in denen ich die Freiheit hatte, meine Fantasie auszubreiten. Ich wollte nicht mit Vorgaben oder einem Thema arbeiten und bloß keine angewandten Aufgaben lösen.

Meine eigenen Ideen waren mir immer am wichtigsten.

Um ganz bei meiner Sache zu bleiben, habe ich lange vermieden, Arbeiten von anderen Zeichnern anzuschauen, aus Angst, ich könnte sie unbewusst kopieren.

Im Nachhinein hätte es mir für das Leben nach dem Studium wahrscheinlich geholfen, an ein paar Kursen teilzunehmen, deren Ziel es war, angewandt zu arbeiten und als Illustratorin Geld zu verdienen. Heute vermisse ich manchmal die Zeit, in der mein Schaffen noch keinen Namen und keine Kategorie hatte und meine Leidenschaft noch nicht mit finanziellem Druck verwoben war.

Wie lebst du als Comicautorin? Wie kann man sich deinen Alltag vorstellen?

Mein Alltagsleben ist recht »normal« strukturiert. Comiczeichnen erfordert Disziplin. Um eine Geschichte verständlich und lesbar zu machen, braucht es eine gewisse Menge an Bildern, die alle gezeichnet werden müssen. An einem Tag schaffe ich im besten Fall ein bis zwei Buchseiten. Ich arbeite gern tagsüber, abends bin ich dann meistens ziemlich müde.

Um Kosten wie Miete und Nahrung auf jeden Fall abdecken zu können, habe ich einen »Brotjob«. Im Moment arbeite ich als freie Mitarbeiterin für ein Fotostudio, wo ich die Bildbearbeitung ma-

Ein Notizbuch liegt immer bereit, falls ich eine Idee habe.

che, meistens zwei Tage die Woche. An den restlichen Tagen, auch den Wochenenden, bin ich in meinem Atelier und zeichne.

Ruhetage lege ich ein, wenn es mir passt. Manchmal viele, meistens wenige. Wenn ich an einem Buchprojekt arbeite, das fertig werden soll, will ich am liebsten jeden Tag ins Atelier. Dann nervt es mich unsäglich, dass ich noch zu meinem Brotjob muss, obwohl ich weiß, dass ich dort lebensnotwendiges Geld verdiene. Ich nehme dann im Kopf meine Zeichenarbeit mit und denke jeden freien Moment darüber nach, was ich am nächsten Tag zeichnen werde. Ein Notizbuch liegt immer bereit, falls ich eine Idee habe.

Manchmal ist es auch ganz gut, ein paar Tage nicht ins Atelier zu gehen – um Abstand von der künstlerischen Arbeit zu gewinnen und unausgereifte Ideen über Bord werfen zu können.

Richtigen Urlaub hatte ich schon lange nicht mehr.

Wenn man selbstständig arbeitet, muss man auch selber bestimmen, wann man sich ausruhen sollte.

Das ist umso schwerer, wenn man unter Druck steht, Erfolg zu haben, und theoretisch dafür immer arbeiten müsste. Die Kunst ist es, eine Balance zu bewahren. Manchmal bin ich enorm gestresst, ich leide dann gleichzeitig unter Über- und Unterforderung. Überforderung durch den eigenen Anspruch, einen Comic noch besser zu machen als jemals zuvor, und Unterforderung in meinem Brotjob, wo mich die stupide Arbeit frustriert.

Comiczeichnen ist sicher keine lukrative Arbeit. Ich bewege mich thematisch und zeichnerisch dazu noch in der Nische des künstlerischen Comics, was noch weiter vom auflagenstarken Mainstream entfernt ist. Die Verdienstchancen in der Buchindustrie hängen nämlich auch von der Auflage der Bücher ab.

Dass man von seiner Kunst nicht leben kann, klingt immer so schicksalhaft, ein bisschen Tragik und Versagen schwingen mit. In meinem Freundeskreis (Künstlerinnen und Künstler verschiedenster Disziplinen) ist es normal, einen Brotjob haben zu müssen. Trotzdem sind viele meiner Freunde und Freundinnen in ihrer

Nische erfolgreich. Wenn man sich in ein unbekanntes künstlerisches Terrain vorwagt, ist es eben nicht sicher, dass man sofort Geld damit verdient. Es wäre wirklich schade, wenn das der Grund wäre, sich nicht zu trauen. Aber es gehört natürlich Mut dazu – und meine Oma würde es Leichtsinn nennen.

Ist Comiczeichnen manchmal einsam?

Mein erstes Buch »Trommelfels« handelt unter anderem von einer Frau, die für einen Versuch drei Monate allein in einer unterirdischen Höhle verbringen soll. Sie meldet sich aus freien Stücken als Versuchsperson, weil sie sich nichts Schöneres vorstellen kann, als eine Weile in völliger Isolation zu leben. Sie hat Bastelkram und Bücher dabei, um sich die Zeit zu vertreiben.

Dieses Motiv hat viele Parallelen zu meiner Arbeit. Zum Zeichnen sitze ich auch monatelang allein in meinem kleinen Atelier und beschäftige mich mit meiner Fantasie. Das finde ich herrlich, es kann aber natürlich auch zu einer gewissen Verschrobenheit führen. Ich bin eher ein eigenbrötlerischer Mensch. Alles allein machen zu können funktioniert vielleicht beim Comiczeichnen, aber nicht so gut im Rest des Lebens.

Um neue Ideen zu haben, bin ich darauf angewiesen, etwas zu erleben, und dazu muss ich raus aus dem Atelier. Ich merke oft, wie ich im Alltag eine Beobachterposition einnehme, wenn ich die Menschen um mich herum betrachte.

Was macht dir am Zeichnen besonders viel Spaß, was motiviert dich?

Die schönsten Momente beim Zeichnen geschehen, wenn alles fließt. Bei der Übertragung eines inneren Bilds oder einer Idee auf ein Bild auf Papier muss ich Kompromisse machen, es wird nie ganz so, wie ich es mir vorgestellt habe. Wenn eine vage Idee aus meinem Kopf zu einer konkreten Idee auf dem Papier wird und dabei etwas entsteht, das mich selbst überrascht, bin ich sehr zufrieden.

Wenn eine Figur aus einer Geschichte plötzlich ein Eigenleben bekommt und redet und sich verhält, ohne dass ich noch das Gefühl habe, es mir gerade auszudenken, fühle ich mich in bester Gesell-schaft. Wenn Elemente einer Geschichte, die noch nichts mitei-nander zu tun hatten, sich organisch zusammenfügen, als hätte es die Welt, in der die Geschichte spielt, immer schon gegeben, bin ich ziemlich baff. Schön ist auch, wenn am Ende das Gezeichnete »gut auf dem Blatt gelandet« ist und alles, was auf ein Bild draufsollte, auch draufpasst.

Abgesehen von den Glücksmomenten während des Zeichen-prozesses ist es natürlich auch ein sehr befriedigendes Gefühl, am Ende einer langen Zeit anstrengender Arbeit ein gedrucktes Buch in den Händen zu halten, das ich komplett vom Umschlag bis zum letzten Winkel der Geschichte selbst gemacht habe. Die Krönung ist dann, wenn ich Leser treffe, die genau verstanden haben, um was es in meiner Geschichte geht.

Marijpol, 32, ist Zeichnerin und Comicautorin. Ihre Geschichten erscheinen in deut-schen und internationalen Comicanthologien wie Orang, Spring und Canicola. Seit ihrem Studium lebt sie in Hamburg, veröffentlicht gezeichnete Geschichten und stellt ihre Arbeiten in Ausstellungen aus. www.marijpol.com

Solo um die Welt

Laura segelte mit 14 Jahren um die Welt

Es geht los!
Gibraltar – Kanarische Inseln: 650 Seemeilen

Endlich weg! Problemlos ausklariert und echt ganz weg ... Da segle ich, 14 Jahre alt, Ziel, ? Einmal um die ganze Welt! Großartig! Aber die Spannung zieht in meiner Kehle, als Erstes muss ich versuchen, aus der Zwölfmeilenzone von Europa wegzukommen, erst dann kann mir niemand mehr etwas wegen Papieren und Regeln anhaben. Dann bin ich nämlich in internationalen Gewässern, und da darf sogar ein Kleinkind ein Boot steuern.

Ich fühle mich frei! In jedem Fall bis zu den Kanarischen Inseln. Denn die Spannung bleibt, was mich da erwartet. Unter den Klängen meiner neuen Stereoanlage auf voller Lautstärke saust Guppy mit voller Geschwindigkeit nach Westen. Ich stehe am Bug und fühle mich in meinem Element. Nichts und niemand kann mir meinen Traum nun nehmen. Ein 20-Knoten-Wind weht direkt von achtern, und mit der ausgebaumten Genua läuft Guppy sieben Knoten. Als ich die dicht befahrene Straße von Gibraltar hinter mir lasse, kann ich endlich ruhig sitzen. Ich habe ein komisches Gefühl im Bauch. Ich bin echt sehr, sehr froh, dass ich endlich weg bin. (...)

Unterwegs
São Nicolau – Sint Maarten: 2.223 Seemeilen
Tag 12, 13. Dezember

Weil ich heute Nacht nicht viel habe schlafen können, lege ich mich noch etwas auf die Bank. Ich starre auf alle Fotos auf der Trennwand: vom Optimisten, von der Mirror, der Contender, der ersten Guppy, einer Hurley 700, alles Boote, mit denen ich über die Flüsse der Niederlande, das Ijsselmeer, das Watt und die Nordsee gesegelt bin, zusammen mit meinem Hund Spot. Während ich die Fotos anschaue, zieht mein Leben an mir vorbei. Unglaublich, ich sehe mich selbst als Achtjährige auf der Mirror. Wie wenig wusste ich damals noch vom Segeln. Ich frage mich, wo die Mirror nun ist. Ich vermisse sie. Sie hat mich fühlen lassen, was Freiheit ist. Mit der Mirror konnte ich der Hektik entwischen. Wie klein ich damals noch war! Und dann die Hurley 700, meine erste Guppy. Das Foto ist während einer Regatta in Culemborg gemacht, wo ich vor Pap und seinem Freund Mark lag. Es war eine der letzten Regatten, die ich gefahren bin. Ich wollte weiter. Da, in dem Moment zwischen zwei Ufern des Flusses, wollte ich weg, Richtung Freiheit.

Entdecken, was hinter dem Horizont liegt ... Die Antwort habe ich inzwischen gefunden: noch mehr Horizont!

Ich schaue noch einmal, bei jedem Foto weiß ich, dass ich damals mehr wollte, mehr Wasser, mehr Freiheit. Wie nennt man das noch? Oh ja, bei den Nachbarn ist das Gras immer grüner. Nun habe ich, was ich damals wollte. Warum sollte ich mich dann eigentlich noch ärgern? Weil kein Wind ist, die Segel schlagen und ich mit einer Geschwindigkeit von zwei Knoten (n)irgendwohin fahre? Auf einmal bin ich sehr zufrieden mit dem, was ich habe. Und warum sollte ich das auch nicht sein, nur weil alles einmal ungünstig ist? Nein, ich habe echt alles, was ich will. Freiheit, Ruhe, Platz und Guppy! (…)

Bora-Bora – Tonga: 1.300 Seemeilen
Wind und Wellen waren bei der Abfahrt so schön, aber ich verfluche das Ganze nun schon wieder. Die kurzen, steilen Wellen fangen an, mich kirre zu machen. Am Mittag scheint es etwas besser zu werden, oder bin ich schon wieder daran gewöhnt? Es weht ein leichter Wind genau von achtern, was für eine Ketsch natürlich nicht die beste Richtung ist, und Guppy läuft momentan etwa 4,5 Knoten. Das ist wirklich nicht die Geschwindigkeit, die ich von ihr gewohnt bin, aber ja, ich muss es wohl akzeptieren. Ich frage

mich, warum ich gerade jetzt, da ich wieder nette Menschen auf einer wunderschönen Insel kennenlernte, unbedingt hinaus aufs Meer musste? Um da eine Woche lang als Badeente hin und her geworfen zu werden und auf der nächsten wunderschönen Insel anzukommen?

Segeln ist immer eine Frage von Hass und Liebe. 90 Prozent der Zeit ist es einfach nichts.

Aber die übrigen zehn Prozent lohnen sich doppelt und dreifach. Vor allem der Kick beim Ankommen und die Anziehungskraft des Wassers, das hinter dem Horizont liegt, treiben mich immer weiter westwärts. (…)

Port Vila – Australien: 2.400 Seemeilen

Tag 11, 20. August

Neun Uhr: Ich bin nun mitten im Prince of Wales Channel und es juckt mich in den Fingern, die Ersatzgenua zu setzen. Aber das Navigieren erfordert im Moment meine volle Aufmerksamkeit. Ich grabe die Ersatzgenua fix aus dem stampfenden Vorschiff und lege das riesige Segel auf mein Bett.

Es ist herrliches Wetter, und ich sehe am Horizont Australien. Wow! Unglaublich! Ich habe den Stillen Ozean überquert, bin fast durch die Torresstraße durch und sehe die australische Küste vor mir. Tränen kullern vor Glück über meine Wangen. Guppy, I love you!!!

Wenn ein Trip lang ist, betrachte ich ihn immer in Abschnitten. Trip nach Tripp und nun bin ich schon in Down Under. Nun ja, fast. Das ist doch eine ganz hübsche Strecke von da, wo ich gestartet bin. Wenn wir immerzu in westlicher Richtung weiterfahren, kommen wir von selbst nach Neuseeland, Gup … Guppy bestätigt das mit einem extra tiefen Tauchgang in die nächste Welle, wodurch ich vor Wasser triefend sofort wieder hellwach bin. Ja, Gup, wir können es!

Mit superlauter Musik fahre ich an Wednesday, Thursday und Friday Island vorbei. Ich bin ungeschoren durch die Torresstraße gekommen, habe die Küste von Australien gesehen und bin auf einem anderen Meer angekommen! Mein Kopf dreht sich davon, und mit meinem letzten Restchen Energie, nachdem ich 48 Stunden nicht geschlafen habe, führe ich einen Freudentanz auf und frage Guppy, wie sich das anfühlt. GROSSARTIG!

Dass eine Packung Apfelsaft durch die Kajüte geflogen ist und alles überflutet hat, der Abwasch auf dem Boden gelandet, mein Bett nass und salzig, die Genua zerrissen ist und mein Steuerrad fast abfällt, macht mir einfach alles nichts mehr aus. Yes! Das Fahren über zartblaues Wasser ist so schön! Booby Island kommt wie ein verlorener Felsen in einer hellblauen Welt, und wir schieben uns vorbei. (…)

Port Elizabeth – Kapstadt: 470 Seemeilen
Tag 3, 26. November

Es wird langsam dunkel, und der Wind nimmt mit jeder Stunde zu. Guppy fährt nur unter Sturmfock und doppelt gerefftem Großsegel. Aber nun muss wirklich ein drittes Reff rein, und ich warte einen guten Moment ab, um aufs Deck zu gehen. Ja, nun! Schnell werfe ich die Luke auf, springe hinaus und werfe sie hinter mir zu, bevor die nächste Welle eine Chance bekommt, reinzurutschen. Es ist stockdunkel, ich höre die tosenden Wellen brechen und sehe überall phosphoreszierende, strudelnde Massen. Ich kann unmöglich sehen, wie hoch sie sind und wann sie auf mich herabkommen. Es ist echt stockdunkel bis auf ein kleines Licht von einem sich nähernden Frachtschiff. Mit den überkommenden Wellen und der schneidenden Kälte ist es ein echter Kampf, das dritte Reff reinzubekommen. Tropfend und durchgekühlt stehe ich nach einer halben Stunde wieder drinnen. Der Wind nimmt weiter zu, und ich denke mir, das sind eindeutig nicht die versprochenen 35 Knoten. Guppy fängt immer öfter an zu surfen. Es ist viel zu hart, und ich will nicht warten, bis Guppy aus dem Ruder läuft und völlig querschlägt.

Ich beschließe, den kleinen Rest des Großsegels, der noch steht, auch einzuholen. Ich bin nass, meine Hände sind eiskalt und steif, aber das Segel muss runter, wie auch immer! Unglaublich, Guppy fährt nur mit Sturmfock und rast noch immer mit mehr als acht Knoten auf das Kap der Guten Hoffnung zu! Ich lausche im Dunkeln noch eine Weile auf die Gewalt der See und spreche Guppy und mir selbst Mut zu, bis ein unerwarteter Brecher über das Achterdeck ins Cockpit donnert. Daraufhin tauche ich, den besten Augenblick abwartend, schnell tropfend in den Schutz der Kajüte. Ich mache einen warmen Becher two minute noodles und komme langsam wieder ein bisschen auf Temperatur. Es sieht danach aus, dass es wohl eine sehr lange Nacht werden wird …

Während ich in der Kajüte bei fest verriegelten Luken sitze, ist die Gewalt um mich herum so, als ob zehn Boeings gleichzeitig direkt neben mir aufsteigen.

Der Wind pfeift durchs Rigg, die See brüllt, und inzwischen zeigt der Windmesser regelmäßig mehr als 55 Knoten. Guppy fährt nur mit Sturmfock, aber sie surft wieder immer öfter die Wellen hinunter und es fängt an, gefährlich zu werden. In ein paar Stunden wird es hell und ich müsste am Kap der Guten Hoffnung vorbei sein. (...) Dann fühle ich, wie Guppy abhebt; in die Höhe durch eine größere Welle. Nein, NEE! Sie fängt an, noch schneller zu surfen.

Das Wasser zischt an den Fenstern entlang, und die ganze Guppy fängt an zu vibrieren, zehn Knoten, elf Knoten, zwölf! Durch einen Schlag fliege ich gegen den Kartentisch, während sie aus dem Ruder läuft und querschlägt.

WHAM! Der anstürmende Brecher begräbt die arme Guppy unter einer riesigen, strudelnden Masse aus schäumendem Wasser, während alles Mögliche durch die Kajüte fliegt. Shit, sind die paar Quadratmeter Segel immer noch zu viel?

Während Guppy sich langsam wieder aufrichtet und die Wind-fahne sie wieder auf Kurs bringt, ziehe ich meine Segelkluft an, um doch einen gewissen Schutz vor dem eiskalten Wind zu haben. Ich klicke mein Lifebelt-Geschirr fest und klettere in das Cockpit, wobei eine Welle die Chance sieht, an mir vorbei nach drinnen zu rutschen. Damn! Die Sturmfock rolle ich auf das Taschentuch-Format ein ... Gup läuft sogar mit dem kleinen Läppchen noch fünf Knoten. So warte ich das Tageslicht ab, während der Wind immer weiter zunimmt. Zu diesem Zeitpunkt müsste es eigentlich schon hell sein, aber es ist und bleibt einfach dunkel.

Gegen Morgen gehen die Böen regelmäßig bis 65 Knoten, und die Wellenspitzen fliegen horizontal über Guppy weg. Im Durch-schnitt sind 54 Knoten Wind und das, während Guppy fast vor dem Wind fährt! Das Meer hat sich in eine riesige, wütende, weiß schäu-mende Masse verwandelt.

Weit in der Ferne scheinen sich die Konturen des riesigen Tafelbergs abzuzeichnen. Wind und Wolken düsen davon herunter und verursachen an der Küste fiese Stürme.

Weil ich um den Berg fahre, kommt der Wind mehr und mehr von Land, wodurch die Wellen langsam weniger steil werden. Auf ein-mal höre ich schwach »Guppy, Guppy« über Funk.

»Ja, hier ist Guppy. Pap!«

»Hallo, Maus! Wie geht es dir? Jesses, was bin ich froh, etwas von dir zu hören. Ich stehe oben auf einem Berg, und wir denken, dass wir dich zeitweise ganz kurz sehen!«

»Tja, das kann wohl stimmen, Pap, Gup fährt mehr unter als über Wasser. Pap, weißt du, sie ist echt fantastisch und ich .. bum .. klingelingeling, boing, boing!«

Erschreckt fragt Pap, was passiert ist, als er den Radau im Hin-tergrund hört.

»Oh, nichts. Guppy wird von einer Welle wieder fast platt gedrückt, und das Schränkchen mit den Pfannen ist aufgegangen –

die liegen nun durch die ganze Kajüte verstreut. Du weißt doch, ein Boot, nicht?«

So geht das Gespräch noch kurz weiter, und ich höre, dass meine Freundin Jillian auch da ist. Wie herrlich, Paps Stimme zu hören! Und was für eine schöne Vorstellung, ihn in einigen Stunden umarmen zu können! (…)

Tag 9, 20. Dezember

Heute habe ich den Längengrad der Niederlande überquert und habe nun also mit Guppy alle Längengrade der Erdkugel passiert. Ganz schön amazing. Nun noch etwa 4.800 Meilen bis zur Karibik, sodass ich dann wirklich herum bin. Verglichen mit der Anzahl der Meilen, die ich mit Guppy schon unterm Kiel habe, fühlt es sich echt beängstigend nah an, aber auf der anderen Seite doch auch wohl noch sehr weit weg. Ich bin immer noch auf der südlichen Erdhalbkugel. (…)

So viele Tage, so viele Stunden und noch so viele Meilen zu fahren. St. Helena ist vor dem Bug. Ich fange an, mehr Tage mit Denken zu verbringen. Stunden starre ich an Deck auf das blaue Meer und den grauen Himmel, wo die Sonne mit viel Mühe versucht durchzudringen. Ich denke an die Zukunft; an das, was ich will und was passiert, wenn ich ankomme. Wenn die Reise, von der ich geträumt habe, seit ich acht Jahre alt bin, plötzlich vorbei ist. Die Stunden, die ich von Meeren, Freiheit, unbekannten Ländern und dem Horizont geträumt habe, während ich zur Schule geradelt bin, und deswegen einmal gegen einen Pfahl mitten auf dem Radweg geprallt bin. Sogar so stark, dass die Haut über meinem Knie genäht werden musste. Da waren so viele kleine Segelboote, die ich in der Schule in meine Hefte gezeichnet habe. Das waren meine Rätsel und Rechenaufgaben; übersetzt in: segeln, unbekannte Länder sehen und die Freiheit spüren.

Und nun? Nun bin ich fast um die ganze Welt rum. Noch ein

Monat, es scheint so weit, aber gleichzeitig unheimlich nah. Ich will überhaupt nicht rund sein, ich habe immer darauf hingelebt. Was wird danach passieren? Werde ich in Fesseln gelegt, wenn ich ankomme? Und was will ich eigentlich mit meinem Leben anfangen? Durch diese Reise habe ich unbewusst so viele Türen geöffnet. Was soll ich um Himmels willen machen? Ich habe nie weiter geplant als bis zur nächsten Insel, niemals weiter als bis zum Horizont. Aber die nächste Insel, die ich nun anlaufen werde, kenne ich schon, und das bedeutet, dass ich meinen Traum erfüllt habe. Dass ich gemacht habe, was ich immer wollte. Nun wird mir allemal die eine Frage gestellt. Und die geht mir doch durch den Kopf: Und nun? Was machst du danach, Laura? Tja, was mache ich danach? Ich weiß es nicht, ich habe Angst, anzukommen, Angst, dass alles vorbei ist. Dass ich nicht zurück in die Niederlande will, steht fest, und Träume habe ich eigentlich mehr als genug.

Aber keiner dieser Träume ist so, wie ich immer von dieser Reise geträumt habe. Ich starre stundenlang übers Meer und frage mich, ob ich ab Darwin nur noch große Überfahrten gemacht habe, weil ich so viel wie möglich auf See sein wollte? Um noch so viel wie möglich die Ruhe, das Segeln und die Erfüllung meines Traums zu genießen? Oder war es doch auch die Angst vor den niederländischen Behörden, die mich permanent gejagt haben? Die Menschen, die Hektik, das Irgendwo-Ankommen haben mir immer weniger gefallen. (…)

Immer mehr sehne ich mich nach den teuren, ruhigen Momenten auf See, und immer mehr scheue ich mich vor dem Ankommen.

Genau wie jetzt. Nun noch mehr denn je, denn diese Ankunft ist DIE Ankunft. Ich lächle, ich habe ja immer gewusst, dass ich nicht ewig aufs Meer flüchten kann, um allem, was ich nicht will, zu entkommen. Immer lächeln, immer nett sein und jeden als Freund bewahren kann ich auch nicht. Ich bin nur ein einfaches Mädchen. Ein Mädchen, das eigentlich längst erreicht hat, wovon es immer geträumt hat. Wenn ich auf alle meine Abenteuer zurückschaue, auf die Stürme, Flauten und unbekannten Inseln, bekomme ich ein großes Smile auf meinem Gesicht. Denn es gibt niemanden auf der ganzen Welt, der sagen kann, in meinem Alter so viele Meilen solo gesegelt zu sein. Ich habe mich selbst kennengelernt und die Welt, die Inseln und allerlei Kulturen gesehen. Ich habe langsam gelernt, mit den Medien umzugehen, gelernt, für das zu kämpfen, was ich erreichen will, und vor allem, dass Träume niemals Schäume sind. Dass man keine Angst vor dem Unbekannten haben muss und vor allem niemals sagen soll, das ist nicht möglich oder das geht nicht. Denn wenn man etwas wirklich will, dann wird es auch gelingen. Schau auf mich, ich komme aus einer durchaus armen Familie, aber ich habe gekämpft wie ein Löwe und gewonnen. All diese Erfahrungen haben mich wehrhaft für die Zukunft gemacht, ich habe ja noch ein ganzes Leben vor mir.

Und auf die Frage, was ich nun machen will: Ich habe ehrlich gesagt noch keine Ahnung, aber ich würde Guppy in jedem Fall gern mein Geburtsland Neuseeland zeigen.

Laura Dekker, 20, Tochter deutsch-niederländischer Eltern, ist passionierte Seglerin. Zu ihrer Weltumseglung brach sie auf, als sie erst 14 Jahre alt war. Nach 27.000 Seemeilen und 17 Monaten erreichte sie ihr Ziel – und den Rekordtitel »Jüngste Weltumseglerin«. Heute lebt sie auf ihrem Boot in Neuseeland.

Ab und zu nahm ich ein Tier auf – inzwischen sind es 120!

Interview mit Jana, die einen privaten Gnadenhof betreibt

Kannst du dich noch an das erste Tier erinnern, das du aufgenommen hast?

Das ist lange her, aber ich weiß es noch wie heute ... Es war ein Ziegenpaar, zwei niedliche Zwergziegen, die geschlachtet worden wären. Die weibliche Ziege lebt heute noch auf meinem Hof.

Wie ging es dann weiter?

Ich lebe ja auf dem Land und es hat mich schon immer zu Tieren hingezogen. Ich war zum Beispiel oft in kleinen Tierparks und da wurde mir schnell klar, dass Nachwuchs nur so lange erwünscht ist, wie die Jungen klein und niedlich sind. Also nahm ich ab und an ein Tier von dort auf, mal ein Schaf, eine Ziege, ein Kaninchen, ein Meerschweinchen oder ein Hängebauchschweinchen, damit sie nicht das Schicksal des Todes ereilt. Im Laufe der Jahre war es ein Kommen und Gehen. Mittlerweile sind es ca. 120 Tiere.

Sicherlich steckst du viel Zeit in deinen Hof und auch einiges an Geld – bei Licht betrachtet ist das nicht besonders »vernünftig«. Warum machst du das trotzdem?

Zeit und Geld spielen für mich keine Rolle. Mir geht es in erster Linie um das Wohl der Tiere. Sie müssen nichts für ihr Dasein tun, sie dürfen einfach nur Tiere sein, die Freiheit, Würde und Respekt genießen. Es macht mich glücklich, jeden Tag aufs Neue in die Augen glücklicher Tiere zu schauen, die artgerecht gehalten, nicht ausgebeutet und nicht missbraucht werden. Das ist mir Dank genug. Mein Motto stammt von Albert Schweitzer: »Sosehr mich das Problem des Elends in der Welt beschäftigt, so verlor ich mich doch nie im Grübeln darüber, sondern hielt mich an den Gedanken, dass es jedem von uns verliehen sei, etwas von diesem Elend zum Aufhören zu bringen.«

Nicht jeder kann Tieren helfen, aber jeder kann dafür sorgen, ihnen nicht zu schaden.

Momentan bist du rund um die Uhr für deine Kinder, den Haushalt und auch für die Tiere auf deinem Hof da. Wie läuft denn ein typischer Tag bei dir ab?

Der Tag beginnt natürlich mit meinen kleinsten Kindern. Dann mache ich meine morgendliche Runde, schaue nach allen Tieren, versorge kranke Tiere, die Medizin benötigen, schaue nach den Tränken und füttere Tierkinder, die noch mit Milch aufgezogen werden. Am Vormittag mache ich dann den Haushalt, erledige Futtereinkäufe oder sonstige Wege. Manchmal kümmere ich mich auch um die Öffentlichkeitsarbeit, pflege die Homepage oder facebook. Nachmittags, während der Mittagsruhe der Kleinsten, gehe ich raus, um Arbeiten auf dem Hof zu erledigen: misten, Ausläufe kehren oder harken, Tränken nachfüllen, Futterrationen vorbereiten und so weiter ... Sonst sind die Kinder immer überall mit dabei. Abends ist dann Fütterungszeit. Die Kinder und Tiere sind mein Alltag. Freizeit habe ich nicht, denn fast immer gibt es ein oder mehrere Tiere, die vollste Aufmerksamkeit benötigen. Es ist ein 24-Stunden-Job.

Wie reagiert dein Umfeld darauf, wie viel Raum der Gnadenhof in deinem Leben einnimmt?

Es gibt solche und solche Leute. Manche ziehen den Hut vor meiner Arbeit, schätzen und respektieren sie. Andere belächeln meinen Einsatz nur, ich sei verrückt, warum tue ich mir das an ... Sehr oft höre ich, dass die Tiere doch dazu da seien, getötet und gegessen zu werden.

Hast du mit vielen Widerständen zu kämpfen?

Es gibt den einen oder anderen, der meint, mein Tun schlechtreden zu müssen. Wenn ich beispielsweise eine schlechte Tierhal-

Weltweit
gibt es Fans
meines Hofs.

tung beim Halter oder beim Amt anspreche, dann greifen deren Kinder meine Kinder an oder die Halter stehen bei mir vor der Tür und meinen, mir drohen zu müssen. Das passiert zum Glück aber nicht so oft – denn ich brauche meine Energie und Kraft für den Hof, meine Kinder und die Tiere.

Gibt es Menschen, ohne die dein großer Einsatz für hilfsbedürftige Tiere nicht möglich wäre und die dich im Alltag, finanziell oder auf andere Art und Weise unterstützen?

Oh ja, von solchen lieben Menschen gibt es viele. Einige, die die Tiere mit Patenschaften, Sach- und Futterspenden unterstützen, habe ich im Internet kennengelernt.

Weltweit gibt es Fans meines Hofs. Außerdem habe ich Helfer und Unterstützer, die auf dem Hof mit anpacken, wenn es Arbeiten gibt oder größere Anschaffungen für die Tiere zu besorgen sind.

Nur in meinem näheren Umfeld gibt es leider eher wenige Leute, die mein Interesse teilen.

Gab es schon einmal eine Situation, in der du daran gedacht hast, alles hinzuschmeißen?

Solche Momente gab es, oft dann, wenn ich einen langen Kampf um das Leben eines kranken Tieres verloren hatte. … Das ist zwar noch nicht so oft vorgekommen, aber diese Ohnmacht und Machtlosigkeit, die vielen Stunden, die man bei und mit einem Tier verbringt, Tierarztbehandlungen, die nicht anschlagen, und wenn die Behandlungsmöglichkeiten schwinden … ja, das ist oft schlimm. Aber auf der anderen Seite habe ich die Arbeit mit den anderen Tieren, sehe, wie glücklich sie sind, wie sie wachsen und gedeihen. Das gibt mir jeden Tag neue Kraft und Energie, um weiterzumachen und nicht aufzugeben.

Wie stellst du dir die Zukunft für deinen Hof vor? Hast du bestimmte Pläne, Wünsche, Träume oder Ziele?

Sicher, es gibt hier noch viel zu tun. Der Hof und die Tiere sind mir sehr wichtig und ich werde dies so lange ausführen, wie ich es gesundheitlich schaffen kann. Pläne habe ich viele, nur am Umsetzen hapert es.

Es fehlt wie immer an Geld

oder der einen oder anderen Arbeitskraft. Deshalb wünsche ich mir, dass die vielen lieben Menschen, die mich unterstützen, das auch weiterhin tun. Und natürlich, dass die Tiere mir lange gesund erhalten bleiben. Mein Traum wäre eine Welt, in der das Tier als Lebewesen respektiert wird und nicht mehr von Menschen getötet und gegessen wird. Glücklich machen mich jeden Tag die Tiere und Menschen, die ich um mich habe, die für die Tiere und mich da sind.

Jana Lindemann, 42, lebt mit ihren vier Kindern und vielen, vielen Tieren auf ihrem Gnadenhof in Thüringen.

Zum Fußball um die Welt

Thomas sammelt keine Briefmarken, sondern Fußballstadien

Mein Name ist Thomas. Ich mag Fußball! Und reisen! Ich habe eine Sammelleidenschaft. Doch es sind keine Briefmarken, die ich sammle und auch keine Sammelkarten, Figuren, Modellautos oder Münzen. Nein, ich sammle Fußballstadien.

Okay, ich kann sie schlecht in meinen Rucksack packen. Auch beim Check-in am Flughafen könnte es Probleme geben und in den Kofferraum des Wagens passen sie ebenso wenig. Vielleicht vier, fünf Sitzschalen oder aber die Eckfahne, mehr aber auch nicht! Vielmehr sind es aber die Erinnerungen an die Stadien und an all die unzähligen Fußballspiele, die ich in ihnen erlebt habe, sowie an die Reisen dorthin. Nach jedem Spielbesuch an einem neuen Spielort trage ich das jeweilige Stadion in eine Liste ein. Ich erhalte einen neuen Groundpunkt. Das kann eine moderne Arena sein, es kann aber auch der Sportplatz um die Ecke sein. Sehe ich zum ersten Mal in einem neuen Land ein Spiel, so erhalte ich einen Länderpunkt. Es gibt allerdings keine Ranglisten, in denen man sich mit Gleichgesinnten misst. Gezählt wird für einen selbst.

Von Stadion zu Stadion

Ground ist ein englischer Begriff für das Spielfeld eines Stadions. »To hop« bedeutet hüpfen oder springen. Ich bin ein Groundhopper! Im deutschsprachigen Raum gibt es eine vierstellige Anzahl von Fußballfans dieser Art. Wie viele es genau sind, ist schwer zu sagen. Die Ursprünge liegen allerdings in Großbritannien wo 1978 der »92 Club« gegründet wurde, in dem diejenigen Mitglieder eine spezielle Krawatte erhielten, die alle 92 Stadien der vier englischen Profiligen besucht hatten.

Und so »springe« ich von Stadion zu Stadion und von Land zu Land und besuche die unterschiedlichsten Partien in den skurrilsten Spielklassen. Bei Premier-League-Spielen in England, bei estländischen Zweitligapartien, Juniorenspielen auf Malta oder heißen Derbys im fanatischen Südosteuropa. Ziel ist es eben, Spiele in möglichst vielen verschiedenen Stadien dieses Planeten zu besuchen. Oftmals müssen es gar nicht die ganz großen Spiele sein, da die Eintrittspreise für solche Spiele oft unbezahlbar sind. Eine tolle Atmosphäre ist allerdings etwas Großartiges, und wenn das Spiel dann noch in einem schönen Stadion stattfindet und auch noch spannend verläuft, weiß ich, dass ich alles richtig gemacht habe bei der Auswahl des Spiels. Ich bin kein Fan der modernen Bundesliga-Arenen, die allesamt aussehen wie aus einem Baukastensatz.

Ich mag eher die alten Stadien mit abwechslungsreichen Tribünen und zahlreichen Stehplätzen.

Diese sind oftmals noch im Amateurfußball zu finden. Oder im Ausland, auch wenn der Fußball dabei nicht jederzeit hochklassig ist.

Mit zwölf begann meine Leidenschaft für den Besuch von Fußballspielen. Zunächst im eine halbe Stunde entfernten Zweitligastadion, in dem ich auch zukünftig noch etliche Spiele verfolgen durfte, auch wenn mittlerweile nur noch auf Verbandsebene gespielt wurde. Dann auf den Sportplätzen meiner Heimatstadt sowie weiteren Plätze in der Umgebung, die ich per Fahrrad erreichen konnte. Die Spiele wurden mehr – und die Entfernungen weiter. Erst später stieß ich auf eine Internetseite mit unzähligen Erlebnisberichten eines Groundhoppers. Zuvor kannte ich den Begriff gar nicht. Ich war total überwältigt und wollte genauso ein fußballfanatischer Abenteurer werden. Fußball auf der ganzen Welt sehen! Von einem Stadion zum anderen tingeln! Wilde Reisen erleben, verrückte Spiele sehen, die berühmtesten Stadien des Kontinents besuchen und den einen oder anderen Weltstar einmal höchstpersönlich am Ball sehen! Mein erster Besuch bei einem Spiel im Ausland sollte nicht mehr lange auf sich warten lassen.

Das erste Mal

Im Oktober 2010 flog ich mit drei weiteren Mitstreitern per Billig-
flieger nach Litauen, wo bald nach unserer Ankunft auch schon der
Länderpunkt mit einem Zweitligaspiel gemacht werden konnte.
Bei den Planungen der Reisen ist oftmals Kreativität gefragt. In der
Regel werden Reisen geplant, bei denen in kürzester Zeit möglichst
viele Spiele in neuen Stadien für möglichst wenig Geld aneinandergereiht werden. Unzählige Spielpläne werden dabei durchforstet.
Es wird nach möglichen »Dopplern« Ausschau gehalten, also zwei
Spielen an einem Tag. Günstige Anreisemöglichkeiten werden
gesucht. Ob mittels Sparangeboten der Bahn, bei Billigfluganbie-
tern, Mitfahrzentralen oder der Zusammenstellung einer eigenen
fußballverrückten Autobesatzung.
   Mittels Mietwagen führte uns der Weg am nächsten Tag nach
Lettland. Zwei weitere Spiele gab es an diesem Tag zu sehen. In der
nun folgenden Nacht sollten wir uns allesamt in einer Gefängniszel-

le wiederfinden. Wie wir da reingeraten sind? Wir haben sie vorab im Internet gebucht! Das Karosta Prison in der an der Westküste Lettlands gelegenen Stadt Liepāja, genau genommen im gleichnamigen Ortsteil Karosta (zu deutsch: Kriegshafen), diente noch bis 1997 den Russen und zuvor den Sowjets und Nazis als Militärgefängnis und ist mittlerweile als Herberge nutzbar. In Karosta lebten damals 25.000 Soldaten, heute leben hier nur noch 7.000 Menschen und die Stadt verfällt mehr und mehr. Mittlerweile wirkt der Ort total unwirklich und befremdlich. Eine gespenstische Atmosphäre herrschte hier, als wir über breite Panzerstraßen und dann über eine stockdunkle kleine Nebenstraße unsere Unterkunft für die Nacht suchten.

Wir sollten zunächst nur eine verschlossene Eingangspforte zum Gefängnis finden. In der Dunkelheit war das Einzige, was wir hörten, ein kläffender Köter.

Zum Glück hatten wir eine Telefonnummer parat und so riefen wir an. Bald öffnete uns dann eine junge Dame die Pforte und bot uns an, uns erst einmal die Räumlichkeiten anzuschauen. Wie sich herausstellte, sollten wir die einzigen Gäste sein, denn eigentlich ist die Unterkunft nur bis Ende September geöffnet. Niemand wäre so verrückt, hier im Winter herzukommen, merkte die junge Dame in Englisch mit russischem Akzent an, schließlich würde nicht geheizt werden. An den Zellen hatte sich seit den letzten, echten Insassen vor 13 Jahren nichts verändert. Wir hatten die Wahl zwischen einer Zelle mit zwei Betten oder einer Zelle mit zwei Holzpritschen auf dem Boden. Die Bettvariante war uns dann doch lieber! Wir freuten uns auf eine zwar recht ungemütlich werdende, aber auch ganz spezielle Nacht im Militärgefängnis. Unsere Gastgeberin schlief außerhalb des Gebäudes und so hatten wir einen Großteil des Gefängnisses für uns allein. Netterweise wurden die Zellentüren ja nicht verriegelt. Ich sage euch, wir hatten einen Heidenspaß!

Am meisten beeindruckt hat mich das legendäre Stadion »Camp Nou« in Barcelona. Es ist mit seinen knapp 99.000 Zuschauerplätzen das größte Stadion Europas. Vom obersten Rang kann man über weite Teile der Stadt blicken. Ein gigantischer Anblick! Nur die Fanszene beim FC Barcelona enttäuschte. Beim Spiel vor 60.000 Zuschauern bestand der Barça-Fanblock aus sage und schreibe 25 Leuten! Großen Fußball durfte ich zudem in Ländern wie Italien, England oder Frankreich sehen. Aber auch die Spielbesuche in Ländern wie Malta, Andorra, San Marino, Zypern, Bulgarien, Griechenland, Mazedonien oder der Ukraine waren reizvoll. Das wohl heißeste Geschehen auf den Rängen erlebte ich in der kroatischen Liga zwischen Dinamo Zagreb und Hajduk Split. Eine wahre Hölle! Große Brisanz gab es auch bei Derbys in Stockholm, Belgrad oder Bukarest. Die teuerste Eintrittskarte kaufte ich mir in Rom. Für das »Derby della Capitale« zwischen Lazio und Roma waren 110 € fällig. Viel Geld, aber ich war ohne Ticket angereist und wollte unbedingt dabei sein.

Ich habe in den Jahren mehr als 1.300 Fußballspiele in 950 Stadien und Sportplätzen, verteilt auf 38 Länder, gesehen.

Dabei habe ich fast drei Monate meines Lebens auf Fußballplätzen verbracht. Knapp 100 Spiele besuche ich im Jahr. Ich wurde bei Amateurspielen mehrmals für den Schiedsrichter gehalten. Ich erlebte Spielabbrüche, darunter auch beim Oberligaspiel zwischen dem Berliner FC Dynamo und Union Berlin im Mai 2006, als ich mich aufgrund von Zuschauerausschreitungen plötzlich mitten in einer Massenpanik wiederfand und selbst die Beine in die Hand nehmen musste. Ich befand mich in Polen in einem Zug, welcher mit Fußballfans besetzt war und von gegnerischen Hooligans überfallen wurde. In Tschechien wurde ich bestohlen und musste ohne Geld, aber glücklicherweise mit Zugticket, die Heimreise antreten.

Der Weg und das Ziel

Ziel ist es, irgendwann einmal ein Fußballspiel in allen 54 der UEFA angehörigen Länder gesehen zu haben.

Ich habe Länder besucht, in die ich ohne meine Leidenschaft nie im Leben gekommen wäre.

Dabei geht es eben um weit mehr als nur um 90 Minuten Ballsport. Das Spiel ist der Grund der Anreise, doch oftmals ist eben nur der Weg das Ziel. Die Erlebnisse auf den Reisen entschädigen für die vielen Anstrengungen, welche ich oftmals auf mich nehme. Gerade in den ärmeren Ländern wird man als Besucher mit einer gehörigen Portion Gastfreundschaft empfangen, mit einer Herzlichkeit, wie man sie hierzulande wohl nie erfahren würde. Ich habe die herzlichsten Gastfreundschaften in Ländern wie der Republik Moldau, Rumänien, Bosnien-Herzegowina, Polen oder Zypern erlebt. Ich habe viel über Kulturen und auch über Schicksale der Menschen in den jeweiligen Ländern erfahren. Das Reisen hat mich weltoffener gemacht und bei meinen Spielbesuchen in den Stadien habe ich sehr viel über die Mentalitäten in den jeweiligen Regionen gelernt. In Sarajevo wurden mir Einzelschicksale des Bosnienkriegs zwischen 1992 und 1995 vor Augen gehalten. Nie vergesse ich, wie mir meine Gastgeberin davon erzählte, wie eine komplette Familie an der Stelle, an der ich gerade stand, von einer Sekunde auf die andere von feindlichen Soldaten ausgelöscht wurde.

Auch habe ich unzählige großartige und spannende Fußballspiele erleben dürfen in vielen wunderschönen Stadien mit einer oftmals unvergleichlichen Atmosphäre.

Ich liebe meine Leidenschaft und ich werde sie nie aufgeben.

Doch ich bin bereits kürzer getreten und werde wohl in nächster Zeit auf größere Reisen verzichten müssen und mir stattdessen eher den kleineren Fußball ansehen. Nicht ohne Grund! Bald werde ich Vater! Ich freue mich auf die Zeit, in der ich auch meinem zukünftigen Sohn die Welt zeigen kann. Der 8-jährige Sohn meiner Freundin, für den ich längst zum Papa geworden bin, ist ebenfalls dabei, in meine Fußstapfen zu treten. Er freut sich bereits auf den nächsten Länderpunkt. Gemeinsam werden wir wohl noch viele, viele Fußballspiele besuchen ...

Thomas Peek, 32, lebt im münsterländischen Ascheberg und arbeitet als Kaufmann im Einzelhandel. Seit 2003 betreibt er als »Stadionfreund« unter der gleichnamigen Webseite ein Online-Archiv zu all seinen besuchten Fußballspielen. Seine Lieblingsmannschaft ist der Fußball-Regionalligist SV Meppen. www.stadionfreund.de

Wasser ist mein Element

Interview mit Quirin, der auf dem Münchner Eisbach surft

Du lebst in München und gehörst zu einer Gruppe von Surfern, die dort mitten in der Stadt ihrem Hobby nachgehen können – wie ist das möglich, wo München doch nicht am Meer liegt?

Wir haben das besondere Glück, hier mitten in der Stadt eine der besten und vor allem eine der konstantesten Flusswellen zu haben. Reines Glück, denn die Welle im Eisbachkanal ist nicht für die Surfer gebaut worden, sondern war schon da und wurde zum Surfen entdeckt.

Wie viel Zeit verbringst du am und im Eisbach mit dem Surfen?

Es gibt im Leben ja immer Phasen, wo man eher das eine intensiv macht, danach eine Phase, wo man etwas anderes im Fokus hat. Surfen ist bei mir aber immer im Fokus! Während der Schulzeit und des Studiums war ich jeden Tag surfen, wenn nicht längerfristig im Meer, dann auf jeden Fall im Fluss. Einmal habe ich für längere Zeit am Meer gelebt – das war natürlich traumhaft.

Für fast ein Jahr habe ich auch einmal weit weg vom Meer und von jeglicher Flusswelle gelebt – das war so schwer erträglich, dass ich dort wieder wegmusste. Surfen hat mir zu sehr gefehlt.

Jedoch ist heute anderes auch sehr wichtig geworden, weshalb ich in den letzten ein bis zwei Jahren nur noch paar Tage bzw. Nächte pro Monat zum Surfen im Eisbach oder im Meer komme.

Gibt es einen Unterschied zwischen dem Surfen im Meer und dem Surfen auf der Eisbachwelle?

Surfen im Fluss ist eine eigene Sportart. Die Bretter sind anders in ihrer Form als Surfbretter für das Meer, die Bewegungsabläufe

sind im Wesentlichen sehr unterschiedlich, und die Umgebung ist anders.

Die Eisbachwelle »steht« auf der Stelle und bewegt sich nicht auf das Land zu wie im Meer. Sie ist recht niedrig, aber hat extrem viel Kraft, da 25 m³ Wasser pro Sekunde über nur 12 Meter Breite schießen. Im Wellental ist sie sehr steil und an der oberen Kante ist sie recht flach. Daher sind die Bewegungsabläufe andere als beim Surfen im Meer.

Jemand, der gut im Meer surfen kann, kann dennoch nicht einfach so im Eisbach surfen, wie schon einige der weltbesten Profisurfer feststellen mussten.

Surfer – ob im Eisbach oder irgendwo auf der Welt – sind meist recht ähnlich und wollen nur eines: möglichst viel Zeit auf der Welle verbringen und sie daher mit möglichst wenigen anderen teilen müssen. Das Besondere hier in München sind nicht so sehr die Surfer als vielmehr die Eisbachwelle selbst.

Wie bist du zum Surfen gekommen?

Meine Familie war früher immer schon am Meer zum Windsurfen in den Ferien. Vor 25 Jahren sind wir an die französische Atlantikküste gefahren. Dort hatte es zwar keinen Wind, dafür aber Wellen. Wasser ist mein Element und davon schluckt man beim Wellenreiten auch sehr viel! Die Leidenschaft liegt wohl in der Energie der Wellen und des Wassers, im Gleiten auf dem Wasser, in der Gewalt der Wellen, wenn sie dich spülen, und im Naturerlebnis.

Der Eisbach hat mich zunächst nicht interessiert, obwohl mein Bruder dort immer wieder surfen gegangen ist. Das hatte für mich einfach nichts mit Surfen zu tun. Als mein Bruder mich dann doch mal mitgenommen hat, habe ich auch im Fluss das Gleitgefühl und die Energie des Wassers gespürt und bin von da an regelmäßig Flusssurfen gegangen.

Wie alt warst du damals?

Im Meer habe ich mit etwa 8 Jahren angefangen zu surfen, war aber von klein auf schon mehrmals wöchentlich im Schwimmtraining. Ohne Schwimmtraining ist Surfen eigentlich kaum denkbar, denn 99 % der Zeit im Wasser steht man nicht auf dem Surfbrett, sondern kämpft sich durch die Brandung dorthin, wo man die Welle erwischen will, um sie dann zu surfen.

An meinen allerersten Surfversuch erinnere ich mich nicht mehr. Aber die ersten Jahre im Meer und auch im Fluss waren bei jeder Surfsession mit richtig viel Bauchkitzeln verbunden. Das ist auch heute noch so, wenn ich ein paar Tage nicht surfen war!

Gibt es Freunde oder Familienmitglieder, die deine große Begeisterung für das Surfen »verrückt« finden und nicht verstehen?

Ein paar meiner Freunde treffen sich am Eisbach. Ich komme meistens aber wirklich nur zum Surfen hin und lungere selten auf der Wiese neben der Welle herum. Wenn ich da bin, will ich surfen.

Die meisten meiner Freunde sind zwar auch Surfer, aber eher Meersurfer und wir fahren gemeinsam auf Surftrips ans Meer. Es gibt sicher einige Leute, die Surfen verrückt finden und das nicht verstehen. Das ist absolut okay – ich habe ja auch zu vielen Sportarten keinen Zugang, wie zu Formel 1.

Und eigentlich ist Surfen, sofern man nicht am Meer lebt oder zufällig den Eisbach vor der Nase hat, ziemlich bescheuert, weil man ständig daran denkt und ins Wasser will.

Entweder richtet man sein ganzes Leben danach aus, sonst wird man nie wirklich surfen lernen und wird von den Wellen nur gewaschen, oder man lässt es lieber bleiben.

So ist das mit der Leidenschaft.

Hast du schon einmal eine gefährliche Situation am Bach erlebt?

Jeder Surfer im Meer und im Eisbach kann eine Geschichte von gefährlichen Situationen erzählen. Jeder Sport bringt auch eine gewisse Gefahr mit sich. Wichtig ist, seine Fähigkeiten richtig einzuschätzen, um zu realisieren, ob eine Flusswelle oder eine Meerwelle richtig ist für die eigene Könnerstufe.

Quirin Stamminger, 35, surft seit seinem achten Lebensjahr – auf allen Meeren der Welt und auf dem Münchner Eisbach. Nach verschiedenen anderen Stationen lebt er heute wieder in München und arbeitet als Sales Consultant.

Leben jetzt!

Auf die Frage, was ich später einmal werden wolle, konnte ich nie eine zufriedenstellende Antwort geben. Muss man denn noch etwas werden im Leben, ist man nicht bereits genug? Dennoch beschäftigt einen diese Frage wie kaum eine andere.

Auf die Frage »Was machst du?« wird keine umfassende Antwort erwartet, was man im Leben so alles macht. Erwartet wird nur ein Wort: die eigene Berufsbezeichnung.

Das soll reichen, um seinem Gegenüber ein Bild von seinem Leben zu vermitteln. In der Regel ist es ja der Beruf, der den Rhythmus deines Lebens bestimmt. Auch ich habe eine Ein-Wort-Antwort auf die Frage »Was machst du?« für mich gefunden. Ich bin Zeitpionier.

Ein Zeitpionier ist jemand, der sich weniger an seinem Einkommen orientiert, sondern am Maß seiner freien Zeit. Mein Wohlstand ist kein Güterwohlstand, ich mache mir nicht viel aus Konsum. Mein Wohlstand ist Zeitwohlstand, die freie Verfügung über meine Zeit bedeutet mir mehr als Konsum. Ich ordne mein Privatleben nicht meinem Berufsleben unter, sondern füge meine Arbeitszeiten, soweit es geht, in die freien Lücken meines Privatlebens ein. Ich gestalte meine Arbeitszeit flexibel, und zwar so, wie es mit meinen Lebensvorstellungen zu vereinbaren ist. Viele Arbeitgeber begrüßen Flexibilisierung, doch darunter verstehen sie, dass man jederzeit flexibel je nach Bedarf eingesetzt werden kann. Ich verfüge jedoch gerade durch die Flexibilisierung selbst über meine Zeit. In diesem Text möchte ich erzählen, wie dieses Leben eines Zeitpioniers aussieht, was Beweggründe dafür sind und welche Voraussetzungen es braucht.

Nach meinem Studium habe ich mir die Frage gestellt, was ich mit der neu gewonnenen Freiheit anfangen möchte. Dazu habe ich mir überlegt, was ich tun würde, wenn man mir ein lebenslanges bedingungsloses Grundeinkommen von 1000 Euro im Monat zahlen würde. Als ich dieses Gedankenexperiment durchspielte, fiel mir meine Entscheidung sehr leicht. Ich entschied mich trotz eines sehr guten Abschlusses als Diplom-Volkswirt dazu, »nur« 20 Stunden pro Woche zu arbeiten und mit entsprechend weniger Einkommen auszukommen, anstatt einen Karriereweg in der Vollzeitarbeit einzuschlagen. Jede andere Entscheidung wäre mit Verzicht auf Lebensqualität einhergegangen, wäre mit meinem Leben nicht vereinbar gewesen.

Ich arbeite gern, aber mein Berufsleben ist eben nur ein Teil meines Lebens und nicht einmal der wichtigste.

Als Zeitpionier bin ich kein Aussteiger aus der Arbeitsgesellschaft, sondern jemand, der bewusst mit seiner Zeit umgeht und sich von der zeitlichen Taktung des Normalarbeitsverhältnisses losgemacht hat.

Leben jetzt!

Doch wodurch zeichnet sich das Pionierhafte meines Umgangs mit Zeit aus? Meine Eltern haben sich ein Haus gekauft und sich dadurch in Abhängigkeit von ihrem Erwerbseinkommen begeben. Sie können ihre Arbeitszeit nicht ihren eigenen Bedürfnissen anpassen. Sie haben auch nicht mehr die Möglichkeit, ihren Job zu kündigen. Vielmehr leben sie unter dem ständigen Risiko, selbst einmal nicht mehr arbeitsfähig zu sein. Die Generation meiner Eltern ist noch unter der Prämisse ins Erwerbsleben gezogen, dass sie einen unbefristeten Job auf Lebenszeit erhalten und eine Rente sowie Arbeitslosengeld, die ihren Lebensstandard sichern.

Meiner Generation werden hingegen nur noch befristete Arbeitsverträge, private Rentenversicherungen und Hartz IV angeboten. Der Anreiz, unter diesen Umständen einem Normalarbeitsverhältnis nachzugehen, ist ungemein geringer. Eine langfristige Lebensorientierung ist unter diesen Umständen nicht möglich. Alles, was man sich anschafft, verliert man mit dem nächsten Jobverlust oder dem Renteneintritt wieder. Es ist also kaum verwunderlich, dass ich mit meiner Haltung zu Erwerbsarbeit und Konsum keine Ausnahme darstelle, sondern Teil meiner Generation bin. »Leben jetzt!« heißt die Losung unserer Generation. Kein Vertrösten auf die Rente, sondern schon hier und jetzt das gute Leben genießen.

Das gute Leben

Doch wie sieht es aus, dieses gute Leben? Zunächst einmal ständig anders. Es gibt keinen Alltag, der sich täglich, wöchentlich oder gar jährlich wiederholt. An den meisten Tagen weiß ich am Morgen noch nicht, wie der Tag verlaufen wird.

Das gute Leben heißt für mich, offen durchs Leben zu gehen und meine Zeit bewusst zu nutzen.

Denn gerade die Frage danach, wie wir unsere Zeit verbringen, ist es ja, die unser Leben ausmacht. Ich habe das Glück, mich bei meiner Arbeit mit meinen Themen beschäftigen zu können. Ich arbeite zu Postwachstumsgesellschaften, sozial-ökologischer Transformation und grüner Ökonomie, bin beruflich also auf der Suche nach den Bedingungen für eine Wirtschafts- und Gesellschaftsweise, die sozial und ökologisch nachhaltig ist. Also auch eine Gesellschaftsform, in der Zeitwohlstand und Konsumunabhängigkeit zum neuen Mainstream geworden sind. Dennoch hat diese Berufung ihre Grenzen.

Denn das Leben ist mehr als Berufung. Das Leben besteht auch aus Fürsorgetätigkeiten, aus politischer Arbeit und aus Mußezeiten. Für mich ist Sorgearbeit ein gleichberechtigter Teil des Lebens,

Allein geht es nicht.

dem ich mich wie die meisten gern widme. Ich möchte genügend Zeit für meine beiden Patenkinder haben, für meine Eltern, meine Familie, meine Freunde, aber auch für meine Arbeitskollegen und meine Mitmenschen. Das menschliche Maß ist mir wichtig, sowohl im Erwerbsleben als auch außerhalb dessen.

Zeit für den Plausch auf der Arbeit oder die Küchengespräche in meiner WG am Morgen zu haben ist für mich das, was das gute Leben ausmacht.

Neben meiner Erwerbsarbeit bin ich bei Attac, dem Netzwerk Wachstumswende und bei der Linkspartei politisch tätig. Ich organisiere ehrenamtlich Vorträge, Lesekreise, Kongresse und Kampagnen zum Themenfeld Postwachstum, Zeitwohlstand und Konsumunabhängigkeit. Mir ist es wichtig, aktiv zu einer sozial-ökologischen Wende beizutragen. Nicht bloß theoretisch, sondern auch ganz praktisch. Dabei kann es jedoch nicht darum gehen, die Frage »Was machst du?« durch die Frage »Wo bist du aktiv?« zu ersetzen, wie sie in der alternativen politischen Szene gern gestellt wird. Politisches Engagement gehört für mich zu einem guten Leben dazu, ist aber ebenso nur ein Teil dessen. Als Zeitpionier darf ich ständig neue Fähigkeiten an mir entdecken und weiterentwickeln. In Mußezeiten widme ich mich ganz mir selbst und lerne dabei immer wieder neue Seiten an mir kennen. Sei es als Patenonkel für meine beiden Patenkinder. Sei es als Slammer auf den Bühnen meiner Stadt. Sei es als Fahrradbastler und vieles andere mehr.

Das Leben hält so viele versteckte Talente für dich bereit, da wäre es doch schade drum, nur diejenigen zu entfalten, für die du bezahlt wirst.

Doch auch das einfache bewusste Wahrnehmen meiner Umwelt gehört für mich zum guten Leben dazu. All dieses ziellose Treiben, das die ganze Kindheit so sehr bestimmt hat und wodurch man erst man selbst geworden ist.

So sieht er also aus, mein bewusster Umgang mit begrenzter Zeit. Ich bringe mein Leben stets aufs Neue ins Gleichgewicht aus Erwerbsarbeit, Sorgearbeit, politischer Arbeit und Muße. Dieses Gleichgewicht fügt sich nicht in starre Zeitformen, sondern ist flexibel und wandelbar wie das Leben selbst. Als Zeitpionier ist man darauf angewiesen, dass es in seinem persönlichen Umfeld noch viele weitere Zeitpioniere gibt, die sich um ihre Mitmenschen sorgen, politisch tätig sind und Mußezeit mit dir verbringen. Denn ohne Zeitpioniere kostet all dies Geld und erfordert entsprechend viel Zeit in der Erwerbsarbeit. Erst Zeitpioniere, die nicht kommerzielle Räume schaffen, ermöglichen es einem, selbst Zeitpionier zu werden. Allein geht es nicht.

Das Leben als Zeitpionier ist kein Leben des Verzichts. Zwar ist mein Erwerbseinkommen geringer als bei anderen, jedoch bin ich zugleich auch viel weniger auf dieses angewiesen. Ich lebe zwar konsumkritisch, aber ich verzichte nicht. Ein Großteil meines sozialen Umfeldes lebt so wie ich. Wir gestalten uns unser Leben selbst. Spielen Theater, geben Konzerte, kochen gemeinsam, reisen gemeinsam, leben gemeinsam. Wir haben die Zeit für eine andere, konsumkritische und gemeinschaftliche Lebensweise.

Was wir brauchen, schaffen wir uns oder teilen es miteinander. Diese Verbundenheit ist vielleicht sogar eine der schönsten Erfahrungen dieser Lebensweise.

Dabei will ich mit meinem Lebensentwurf nicht missionieren. Für mich ist das eine ganz persönliche Entscheidung, die ich gar nicht unbedingt als vorbildlich ansehe, die ich aber gern auch anderen ermöglichen möchte. Ein Großteil unserer Gesellschaft sieht in einem Verzicht auf Konsum und Karriere bereits eine Steigerung ihrer Lebensqualität, dennoch bleiben sie der Mühle aus Arbeit und

Konsum verhaftet. Häufig fehlt es ihnen einfach an Alternativen. Gesellschaftlich wird man immer noch schief angesehen, wenn man aus dieser Mühle aussteigt. Dabei ist der ökologische Fußabdruck einer solchen Lebensweise wesentlich niedriger als die gegenwärtig vorherrschende Beanspruchung unserer Umwelt.

Der soziale Zusammenhalt ist stärker, wenn man sich Zeit füreinander nimmt.

Es bleibt Zeit für Freunde und Familie. Das Leben ist vielfältiger, wenn man es nach seinem eigenen Rhythmus lebt. Es ist eine Lebensweise, die nicht auf Wachstum und Fortschritt baut, sondern auf Genügsamkeit und Ausgeglichenheit.

Barrieren eines Zeitpioniers

Natürlich eckt so ein Lebensentwurf auch an. Mein Chef sähe es wohl lieber, wenn ich zu festen Zeiten an festen Tagen im Büro wäre. Es fordert ihm sehr viel Vertrauen in mich ab, mir meine Zeit selbst zu überlassen. Manche Aufgaben lassen dies auch sicherlich nicht so gut zu, die erhalte ich dann auch nicht. Eine Kehrseite des Lebens als Zeitpionier ist, dass es kaum möglich ist, beruflich aufzusteigen. Bei spannenden Projekten wird man häufiger übergangen oder erfährt erst zu spät davon. Es wird einem auch seltener die Möglichkeit gegeben, seine Fähigkeiten unter Beweis zu stellen. Als Zeitpionier ist man momentan noch vor die Wahl gestellt, ob man Karriere machen möchte oder autonom über seine Zeit verfügen will. Es ist ein Abwägen dessen, wie sehr man sich in seinem Beruf und wie sehr man sich außerhalb seines Berufes verwirklichen möchte.

Es ist sicherlich auch eine Umstellung für viele, mit einem geringeren Einkommen auszukommen. In vielen Berufen ist wohl ohnehin eine größere Umverteilung der Einkommen Voraussetzung für eine Reduzierung der Arbeitszeit, will man nicht unter das Existenzminimum rutschen. Auch die Möglichkeiten zur finanziellen Vorsorge sind als Zeitpionier begrenzt. Doch eigentlich ist das Leben als Zeitpionier ein großer Gewinn für mich. Ich bin weitestgehend unabhängig von meiner Arbeit, sodass ich mich jede Woche aufs Neue bewusst für meinen Job entscheide. Ich habe Zeit für Freunde und Familie und vor allem auch für mich selbst.

Gerrit von Jorck, 28, wohnt in Berlin-Neukölln. Er verdient sein Geld am Institut für ökologische Wirtschaftsforschung, engagiert sich bei Attac, in der Postwachstumsbewegung, der Yoga-Linken und bei den Zeitpionieren.

Ich lebe meinen Traum

Interview mit Lasse, der begeisterter Triathlet ist

Du bist Triathlet – das ist ein Sport, der aus drei Sportarten (Schwimmen, Radfahren, Laufen) besteht und sehr viel Trainingszeit verlangt. Wie bist du zum Triathlon gekommen?

Ich komme aus Wingst, einem kleinen Ort in der Nähe von Cuxhaven. Hier findet alle zwei Jahre der größte Schülertriathlon Deutschlands statt. Ich war mit meiner Schule jedes Mal dabei, seitdem ich in der zweiten Klasse bin. Es hat mir jedes Mal riesig Spaß gemacht. Als ich in der vierten Klasse war, entschloss ich mich dann, der Triathlon-Abteilung des VfL Wingst beizutreten, und so fing alles an.

Wann und wie hast du entschieden, dass du den Sport professionell ausüben möchtest?

Wie schon gesagt, komme ich aus einem sehr kleinen Ort. Ich musste über eine halbe Stunde fahren, um zum Schwimmtraining zu kommen, und hatte wirklich dürftige Trainingsbedingungen. Außerdem war ich meistens bis 16:00 Uhr in der Schule.

Triathlon ist ein sehr zeitintensiver Sport.

Schnell stellte ich fest, dass Triathlon für mich nicht nur ein Hobby ist. Ich wollte mehr! So beschäftigte ich mich bereits im Alter von 12 Jahren mit dem Gedanken, eine Sportschule zu besuchen, um optimale Trainingsbedingungen mit bestmöglicher schulischer Ausbildung kombinieren zu können. Zwei Jahre später wechselte ich die Schule und wohne seitdem in Potsdam. Hier lebe ich meinen Traum.

Was sagt deine Familie dazu?

Meine Familie steht voll hinter mir und unterstützt mich, wo sie kann. Natürlich wünschen sich meine Eltern manchmal, dass ich ein bisschen häufiger zu Hause wäre. Dafür besuchen sie mich dann aber ab und zu in Potsdam oder kommen zu einigen meiner Wettkämpfe.

Wieso ausgerechnet Triathlon und keine andere Sportart?

Das Besondere am Triathlon ist die Kombination dreier Sportarten: Schwimmen, Radfahren und Laufen. Und genau das macht diesen Sport so einzigartig und faszinierend. Man macht keine Pause zwischen den einzelnen Disziplinen, sondern absolviert alles am Stück. So entsteht mehr oder weniger noch eine vierte Disziplin, der Wechsel zwischen den einzelnen Sportarten.

Zudem hat Triathlon viel mit Taktik und Renneinteilung zu tun, denn durch die Länge und die verschiedenen Disziplinen kann man sich schnell verschätzen und zu früh ermüden. So spielt auch Intelligenz im Triathlon eine große Rolle. Als Triathlet muss man also sehr vielseitig sein und so bleibt es immer spannend.

Du besuchst die Sportschule in Potsdam. Wie sieht ein typischer Tag bei dir aus?

Mein typischer Alltag beginnt um 7:00 Uhr am Beckenrand in der Schwimmhalle, davor habe ich natürlich schon gefrühstückt und Zähne geputzt. Nach zwei Stunden Training ist noch ein wenig Zeit zum Erholen, bevor dann der Unterricht in der Schule losgeht. Um ca. 16 Uhr ist der Unterricht vorbei und das zweite Training beginnt, meistens Radfahren oder Laufen. Je nach Trainingsphase oder Wochentag absolviere ich anschließend noch eine dritte Trainingseinheit. Ist das der Fall, komme ich gegen 20 Uhr nach Hause, mache mir etwas zu essen, habe dann noch etwas Zeit für Schulaufgaben und gehe meistens um 22:30 Uhr schlafen.

Damit komme ich in einer Woche im Durchschnitt auf ungefähr 22 Stunden Training.

Um dieses Trainingspensum erfolgreich mit der Schule verbinden zu können, stellt die Sportschule Potsdam den Sportlern in der Tat besondere Regelungen zur Verfügung. Beispielsweise kann man

die Zeit bis zum Abitur von 13 auf 14 Jahre strecken, um mehr Zeit
für den Sport zu haben. Man bekommt weiterhin die Möglichkeit,
ein sogenanntes additives Abitur zu machen, wobei man seine
Abiturprüfungen auf die gesamte Oberstufenzeit verteilt. So macht
man nach jedem Schuljahr nur ein bis zwei Prüfungen, anstatt vier
hintereinander nach der 13. Klasse.

Diese und noch einige weitere Regelungen erleichtern uns, den
Schülern der Sportschule, es sehr, Schule und Sport miteinander zu
verbinden. Das heißt natürlich nicht, dass man nicht trotzdem noch
sehr fleißig und zielstrebig sein muss.

Hast du das Gefühl, dass du dich durch die viele Zeit, die du beim Training verbringst, von anderen in deinem Alter unterscheidest?

Natürlich gibt es Dinge, die ich weniger mache als Gleichaltrige. Es ist jedoch nicht so, dass ich auf vieles verzichte.

Der Sport ist mein Leben und ich mache mir keine Gedanken darüber, was ich alles machen könnte, wenn ich keinen Leistungssport machen würde, denn der Sport ist das, was ich gern mache.

Außerdem habe ich auch jedes Jahr zwei bis drei Wochen komplett frei vom Sport, wo ich mal etwas anderes machen kann. Das reicht mir völlig. Ich denke schon, dass ich mich aufgrund des vielen Trainings von anderen unterscheide, es ist schließlich nicht normal, so viel Zeit beim Training zu verbringen. Das finde ich aber nicht schlimm, immerhin war das meine eigene Entscheidung.

Worauf bist du besonders stolz?

Der diesjährige Qualifikationswettkampf für die Triathlon-Junioren-Europameisterschaft war schon ein besonderes Ereignis. Es war eine Abtestung, bestehend aus 800 Meter Schwimmen und 5000 Meter Laufen. Nur der Gewinner des Wettkampfs sollte das begehrte Ticket zur Europameisterschaft in Kitzbühel erhalten. Der Wettkampf entwickelte sich zu einem wahren Krimi. Ich lag in Führung, allerdings kam einer meiner Konkurrenten immer näher und holte mich kurz vor dem Ziel ein. Doch in einem packenden Endspurt konnte ich das Rennen noch für mich entscheiden. Das sind die Momente im Sport, in denen sich das harte Training mehr als bezahlt macht.

Kannst du dir vorstellen, später vom Sport zu leben? Was findest du toll daran – und was stellst du dir schwierig vor?

Ja, ich kann mir gut vorstellen, später vom Sport zu leben. Zumindest für eine gewisse Zeit. Triathlon ist kein Sport, bei dem man in 10 bis 15 Jahren Profisport so viel Geld verdient, dass man für sein restliches Leben ausgesorgt hat. Ich finde es jedoch spannend, seine Leidenschaft zum Beruf zu machen und damit sein Geld zu verdienen. Schwierig dabei ist allerdings, dass, sobald man die Leistung nicht mehr bringt, es auch schnell aus ist mit der Profisportlerkarriere.

Hast du schon einmal eine schlimme Niederlage erlebt oder eine Verletzung gehabt, die deine Karriere hätte beenden können?
Eine Verletzung, die meine Karriere hätte beenden können, hatte ich zum Glück noch nie. Vor zwei Jahren hatte ich jedoch mal eine schlimme Gürtelrose, wegen der ich über eine Woche im Krankenhaus lag; mitten in der Saison. Das ist schon ein blödes Gefühl, wenn man nichts machen darf und zeitgleich die Wettkämpf stattfinden, für die man den ganzen Winter über trainiert hat.

Aber aus solchen Niederlagen kann man nur lernen

und muss geradeaus schauen, auch wenn es erst mal ein bisschen frustrierend ist. Motivieren kann ich mich am besten mit dem Gedanken an tolle Erfolge, die ich im Sport schon hatte, oder an einzigartige Trainingserlebnisse, zum Beispiel beim Dauerlauf am Strand Fuerteventuras, als gerade die Sonne aufging.

Hast du Vorbilder?
Ja, und auch gar nicht mal nur Triathleten. Menschen wie Haile Gebrselassie oder Ole Einar Björndalen sind beeindruckende Sportler und auf jeden Fall Vorbilder für mich. Im Triathlon ist Franz Löschke (U23-Weltmeister und Teamweltmeister) mein Vorbild. Er trainierte noch bis zu diesem Jahr am selben Stützpunkt wie ich und so konnte ich schon viel von ihm lernen.

Was meinst du, inwieweit der Sport dein zukünftiges Leben beeinflusst?

Ich denke, dass, wenn der Sport nicht mehr meine Hauptbeschäftigung sein kann, aufgrund von Alter, Verletzung oder was auch immer, ich immer noch einen großen Nutzen aus meiner sportlichen Karriere ziehen können werde. Als Sportler muss ich sehr diszipliniert, ehrgeizig und zielstrebig sein, was in jedem Beruf sehr hilfreich ist und eine Bewerbung sicherlich sehr interessant macht. Durch den jahrelangen Sport bin ich dazu in der Lage, mich lange Zeit zu konzentrieren, und das bringt die Fähigkeit mit, im Alltag ausdauernd und fokussiert zu arbeiten. Ich glaube, dass der Sport mein späteres Leben nur positiv beeinflussen wird.

Lasse Lührs, 18, ist in Niedersachsen aufgewachsen und wechselte in der 9. Klasse zur Sportschule Potsdam. Seit seinem zehnten Lebensjahr trainiert er als Triathlet Schwimmen, Radfahren und Laufen und hat 2013 den zweiten Platz bei der Deutschen Meisterschaft Triathlon Jugend A erreicht.

Kostümspiele – unter Cosplayern

Fionna will ihre Lieblingsserien nicht nur konsumieren

Wir scheinen sehr erwachsen und vernünftig auszusehen, trotz unserer abenteuerlichen Verkleidung. Eine von uns ist sogar voller Kunstblut. Dennoch trauen sich an den beiden Tagen, die meine Freunde und ich auf der Frankfurter Buchmesse sind, einige ältere Damen, uns anzusprechen: »Dürften wir mal fragen: Wieso macht ihr das?«

Mit »das« meinen sie unser Kostüm. Mit »ihr« meinen sie all die Menschen, die verkleidet auf der Frankfurter Buchmesse rumlaufen, manche in ausladenden Kleidern, andere in extrem hohen Absatzschuhen, einige trotz spätherbstlicher Temperaturen mit freiem Oberkörper oder kurzem Rock.

Ja, wieso machen wir das eigentlich? Es ist ja nicht mal Karneval oder Halloween. Und zwischen den Anzug tragenden Messe-Offiziellen fallen wir ganz besonders auf.

Was wir tun, nennt sich Cosplay. Das setzt sich zusammen aus den Begriffen Costume und Play, ist also wörtlich ein Spiel mit Verkleidungen. Und wie so vieles, was abgefahren und bunt und auffällig ist, kommt es aus Japan. Anfänglich ging es darum, Kostüme aus Mangas so gut wie möglich nachzunähen, mittlerweile hat sich das auf Serien, Filme und Videospiele ausgeweitet. Je näher man dabei dem Original kommt, desto besser. Dabei gilt es nicht nur, jede Schleife und Spitze am Kleid richtig wiederzugeben, sondern auch, die Haare perfekt zu stylen und das richtige Make-up zu tragen. Bis ins kleinste Detail werden Stickereien und Tattoos nachgebildet, Anhänger und Broschen gebastelt und Perücken meist entgegen allen physikalischen Gesetzen in Form gebracht. Das ist ziemlich viel Aufwand und in den meisten Fällen nicht gerade billig. Da können schon mal mehrere 100 Euro für Stoff, Leder, Pappmaschee und andere Materialien draufgehen.

Insgesamt ist sie also berechtigt, die Frage nach dem Warum. Und weil die Damen so nett fragen, versuchen wir auch, eine Erklärung abzugeben.

Das Leben eines Fans

An irgendeinem Punkt in meinem Leben habe ich aufgehört, Dinge zu mögen, und angefangen, sie zu lieben. Ich habe aufgehört, Medien bloß zu konsumieren und dann damit abzuschließen.

Ich lasse zu, dass mich eine Serie, ein Film, ein Spiel oder ein Buch Wochen später noch beschäftigt. Offen heraus zu sagen, dass ich eine ganz und gar fiktive Geschichte liebe und schätze, ist etwas, das mich selbst zur Autorin gemacht hat.

Ich will diese Begeisterung nach außen tragen, ich bin stolz, deshalb hänge ich Plakate meiner Lieblingsserien in mein Zimmer und hoffe, dass sie jemand erkennt, deshalb trage ich T-Shirts meiner liebsten Helden und Heldinnen in der Öffentlichkeit, in der Hoffnung, dass ein Gleichgesinnter mir kurz zunickt.

Cosplay ist eine Erweiterung dieses offenen Fanseins und erfordert wesentlich mehr Arbeit als das Tragen eines gekauften T-Shirts. Oft stecken hinter den Kostümen Stunden und Tage und Wochen an Arbeit, und das für ein oder zwei Tage im Jahr, an denen die Kostüme tatsächlich getragen werden. Der Erfolg ist aber auch maximal. Plakate und Shirtaufdrucke führen selten zu ausschweifenden Diskussionen über die besten Episoden oder die Fehler der neuesten Filmadaption. Im Cosplay allerdings trifft man sich auf sogenannten Conventions. Das sind Messen mit Schwer-

punkten wie Mangas, Comics oder Videospielen, manche davon
speziell für Cosplayerinnen ausgelegt, andere wiederum, wie die
Buchmessen in Leipzig oder Frankfurt, ziehen sie eher als Neben-
produkt an. Hier ist man sofort unter seinesgleichen. Hier darf man
wild gestikulierend über die Dinge reden, die einen begeistern, und
hier wird man nicht schief angesehen, wenn man aussieht wie aus
einem Comicheft entsprungen.

Die drei Stufen des Cosplay
Ich bin nicht einfach eines Tages aufgewacht und hatte plötzlich
Lust, ein kompliziertes Kostüm nachzuschneidern. Ich hatte zu
diesem Zeitpunkt eine Nähmaschine nur von Weitem gesehen und
meine sonstigen Kenntnisse beschränkten sich auf das gelegent-
liche Stopfen von Socken. Aber irgendwann war mir das bloße
Konsumieren einer Serie oder eines Films nicht mehr genug. Ich

bin ein Nerd, und frei nach John Green heißt das, dass ich Dinge unironisch lieben darf.

Zunächst waren es Kleinigkeiten, die ich gekauft habe, wie Halsketten oder Anstecker, weil sie mich an Seriencharaktere erinnerten, oder aber ich kritzelte Zitate aus »Doctor Who« auf meine alten Chucks, in der Hoffnung, dass irgendein Fan sie erkennt. Man stelle sich meine Begeisterung vor, als genau das an einem Bahnhof passiert ist. (»Hey, ich mag deine Schuhe.« Betretenes Schweigen, dann: »Wegen der Farbe?« »Neeee...« »Oh, ach so!«)

Ich wollte mehr. Der nächste Schritt war daher das sogenannte Schrank-Cosplay oder auch Casual Cosplay. Wie nah komme ich einem Kostüm mit den Dingen, die ich schon besitze?

Damals in der Schule haben wir uns gern »angelehnt an Harry Potter« angezogen und den Matheunterricht nur noch »Zaubertränke bei Snape« genannt.

Und dann kam irgendwann der Tag, an dem ich mir vorstellte, wie unendlich cool ich in einem »Assassin's Creed«-Cosplay aussehen würde. Da reichte es mir dann nicht mehr, eine Jacke anzuziehen, die fast genauso, aber nicht ganz aussah wie das Original. Ich wollte das ganze Paket. Und obwohl ich keine Ahnung von Schnittmustern, Nadelstärken oder Körpermaßnehmen hatte, fing ich an, mein erstes Cosplay zu nähen.

»Wir wollen gesehen werden!«

Es steckt teilweise unvorstellbar viel Arbeit und Geld in den Kostümen, unzählbare durchgemachte Nächte, durchstochene Finger und Tobsuchtsanfälle, weil es nicht immer möglich ist, Kostüme perfekt nachzumachen, da in Comics oder Videospielen andere physikalische Gesetze gelten. Ja, ich habe geweint, als die Kapuze auch nach dem fünften Mal Umnähen nicht saß, ich habe Videogame-Designer verflucht und Kekse futternd Bilder von anderen Cosplayern geguckt.

Aber in dem Moment, in dem ich das Cosplay zum ersten Mal trage, ist all das vergessen. Auf Conventions kommen Menschen auf mich zu, erkennen das Kostüm und loben mich für meine Arbeit. Ich treffe andere Assassinen und tausche Bastelabenteuer wie Kriegsgeschichten aus, schimpfe über nur spärlich vorhandenes Referenzmaterial und kann selbst den einen oder anderen Trick verraten.

Und dann posiere ich mit Freunden für Fotos, obwohl es normalerweise kaum Schlimmeres für mich gibt, als Bilder von mir zu sehen. Ob sie das Bild auf ihre Facebook-Seite laden dürfe, fragt die ältere Dame schüchtern und wundert sich über unser begeistertes Kopfnicken. Cosplay ist da, um gesehen zu werden, sage ich. Wenn wir nicht wollten, dass man unsere Kostüme, unsere harte Arbeit daran sehen kann, dann hätten wir sie im Schrank gelassen.

Fandom Double Standards

Insgesamt gesehen ist Cosplay eine friedliche Unterkategorie der Nerdkultur. Für viele ist es eine Möglichkeit, für kurze Zeit in die Rolle einer Figur zu schlüpfen und plötzlich jegliche Berührungsängste zu verlieren. Nicht nur, dass ich offener auf Menschen mit ähnlichen Interessen zugehen kann, ich bin auch geschützt durch den Charakter, den ich darstelle.

Und so treffe ich auf den Conventions oftmals junge Menschen, die nach eigenen Angaben im normalen Leben eher introvertiert und ängstlich, hier aber wie ausgewechselt sind.

Sie spielen eine Rolle, die sich stetig mit der eigenen Persönlichkeit vermischt, und können so freier mit anderen interagieren. Ich selbst gehe in meiner extrovertierten Persönlichkeit auf, ich nutze Conventions, um lautstark über Serien zu diskutieren, neue, interessante Menschen kennenzulernen und das Gelände wie einen Spielplatz zu nutzen, auf Mauern zu klettern, zu posieren, mein Charakter zu sein.

Grundsätzlich ist Cosplay jedoch nur fürs Angucken gemacht und weniger für tatsächliches Rumlaufen, Klettern oder Kämpfen.

Die Kostüme sind meist sehr fragil, unpraktisch und unbequem. Um toll auszusehen, leiden wir meist mehrere Stunden, frieren in viel zu leichter Kleidung oder bleiben immer wieder mit Flügeln oder gigantischem Kopfschmuck hängen.

Viele schütteln irritiert den Kopf. Wenn wir im Kostüm zur Buchmesse fahren, hören wir immer wieder gemurmelte Kommentare. »Also ich kann so was ja gar nicht verstehen«, heißt es aus einer Ecke, aus anderen Ecken kommen wesentlich schlimmere Worte.

Sender wie RTL verurteilen immer wieder in Berichten eine ganze Fankultur, machen die Cosplayer und Cosplayerinnen zu »Freaks«, stellen das Hobby als «nicht normal« dar; ein wunderbares Beispiel für die Double Standards der Medien. Denn es gibt da noch ein anderes Hobby, das durchaus mit Cosplay zu vergleichen ist. Auch hier wird sich verkleidet und geschminkt und anschließend zu Hunderten und Tausenden getroffen.

Aber wenn Fußballfans Fahnen schwenkend in Stadien 22 Männern zujubeln, schütteln nur wenige Menschen den Kopf, und stattdessen berichtet das Fernsehen freudestrahlend über die neuesten Ergebnisse.

»Ihr macht das aber schon freiwillig, oder?«
Ich habe mit dem ernsthaften Cosplayen vor etwa drei Jahren angefangen. Seitdem war ich schon als Ohngesicht aus dem Film »Chihiros Reise ins Zauberland«, als fem!Eleven aus der britischen Serie «Doctor Who«, Altaïr Ibn-La'Ahad aus der Videospielreihe »Assassin's Creed« und Cecil Gershwin Palmer aus dem Podcast »Welcome to Night Vale« unterwegs.

Mich für Dinge, besonders Medien, zu begeistern fiel mir schon immer leicht. Filme, Serien und Videospiele mag ich besonders, weil sie mir stellenweise das Gefühl geben, Teil von etwas Größerem zu sein. Aber ich konsumiere nicht nur. Gerade als Autorin bin ich es gewöhnt, auch neuen Content zu erschaffen, und so sind das Schneidern von Kostümen und das Interagieren mit anderen Cosplayern auf Messen mein Versuch, meine Begeisterung für ein bestimmtes Medium aktiv zu zeigen.

Das Spannende an Cosplay ist, dass Menschen hier ihre Interessen für alle sichtbar nach außen tragen. Ich sehe sofort, wer auf dieselben Serien und Spiele steht wie ich, und plötzlich kann ich wildfremde Menschen anquatschen und mich mit ihnen unterhalten, als würden wir uns schon seit Jahren kennen.

Ich umarme mir unbekannte Cosplayerinnen wie beste Freunde, weil sie ein »Free Hugs«-Schild in die Höhe halten.

Nirgends wurde ich bisher so warm aufgenommen wie in der Cosplay-Szene. Umarmungen sind hier eine Währung, Lob und Beifall gibt es umsonst. Vielleicht ist es das noch immer existierende Stigma, das uns zusammenrücken lässt. Von außen bekommen wir genügend Kritik, und wenn wir dann einmal im Jahr an einem Ort zusammenkommen, an dem wir nicht verurteilt werden, macht das frei.

In der Mitte des Frankfurter Messegeländes gibt es einen künstlichen Bachlauf mit einigen Brücken, drumherum ein bisschen Wiese und einige Bäume. Trotz gerade mal 8°C Außentemperatur findet man hier während der Messe die meisten Cosplayerinnen, für Fotos posierend oder auf Picknickdecken zusammengekuschelt, die Schuhe mal ausgezogen, den Kopfschmuck abgelegt, das Korsett gefaltet danebenliegend. Wir haben uns hier unser Refugium geschaffen, vielleicht auch aus Rücksicht auf die Messebesucher, die wegen der Bücher hier sind.

Solltet ihr euch im nächsten Jahr doch einmal hierher verirren, sprecht uns ruhig an. Denn selbst die Blutverschmierten unter uns sind vollkommen harmlos.

Fionna Kessler ist 1990 geboren. Sie gewann mehrere Literaturwettbewerbe und schrieb ein Theaterstück. 2013 wurde ihr zweites Theaterstück »Reservoir Ducks« erfolgreich uraufgeführt. Sie veröffentlichte in mehreren Anthologien und brachte das Pilgertagebuch »Wenden?« heraus. Seit 2009 studiert sie Kreatives Schreiben und Kulturjournalismus an der Universität Hildesheim. Sie arbeitet neben dem Studium als freie Lektorin und spricht gerne in Podcasts, Radiosendungen und im Internet über female nerd culture. Letztes Jahr beendete sie endlich ihren ersten Roman »Komfortrauschen«. Ihr aktuelles Projekt ist die 6-teilige Webserie »quasi-normal«, die im August erscheinen wird.

Die Gemeinschaft ist mir wichtig

Interview mit Oskar, der klassische Musik liebt

Die meisten anderen Jugendlichen in deinem Alter begeistern sich für Popmusik, mögen Rap oder Hip-Hop. Du aber singst im Leipziger Thomanerchor klassische Musik. Was begeistert dich so sehr daran?

Es ist nicht so, dass ich immer nur klassische Musik höre, ich mag auch Pop und Hip-Hop, aber im Chor singe ich klassische Musik. Das bietet eine Abwechslung zu dem, was ich in meiner Freizeit hauptsächlich höre. Ich mag diesen Kontrast.

Außerdem gibt es so viele Elemente, die beim Singen von klassischer Musik wichtig sind und die die Beschäftigung damit spannend machen. Man glaubt gar nicht, wie sehr es immer wieder auch eine Gedankenleistung ist, ein Kopftraining, das mir Spaß macht.

Und die Gemeinschaft ist mir wichtig. So wie andere vielleicht Gemeinschaftsgefühle empfinden, wenn sie im Verein Fußball spielen oder Theater machen, haben wir im Thomanerchor das Erlebnis Musik gemeinsam. Das macht einen unglaublichen Reiz für mich aus.

Wir treten zusammen auf, wir haben zusammen Erfolge und wir berühren Menschen mit der Musik.

Das ist eine Komponente, die ich erst mit zunehmendem Alter und mit der Chorerfahrung mitbekommen habe. Wenn man neu im Chor ist, ist eben alles von der Neugierde bestimmt. Am Anfang ist jedes Stück, das man lernt, etwas ganz Neues. Mit jedem Jahr, das man im Chor und mit der Musik verbringt, und mit jedem Auftritt, den man hat, kann man das immer differenzierter einordnen. Und so macht es mir immer mehr Spaß, zu sehen, welche Wirkung die Musik auf die Leute hat, vor allem auch auf diejeni-

Es macht mir immer mehr Spaß, zu sehen, welche Wirkung die Musik auf die Leute hat.

gen, die über Jahre den Chor begleiten und immer wieder Kontakt zu uns haben.

Zu den Thomanern bist du gekommen, als du neun Jahre alt warst. Wie hast du herausgefunden, dass dir das Singen Spaß macht?

Das hat sich tatsächlich einfach ergeben, weil mein älterer Bruder bereits im Chor war. Denn wir waren auf der Grundschule, die mit dem Chor zusammenarbeitete. Und zuvor hatten wir schon gemeinsam in der Kirche gesungen. Mein Bruder wurde also eines Tages nachmittags im Hort angesprochen, ob er sich nicht vorstellen könnte, bei den Thomanern zu singen. Er hat da erst mal einfach so mitgemacht, ohne großartig daran zu denken, später mal richtig in den Chor zu gehen. Und so führte eines zum anderen. Er hatte dann die Möglichkeit, direkt in die Vorbereitungsklasse zu gehen, das ging Schritt für Schritt weiter. Zwei Jahre später, als ich im passenden Alter war, hab ich das dann auch alles gemacht – ich hatte ja bei meinem Bruder schon gesehen, wie das funktioniert.

Als er in der zweiten, dritten Klasse war, hatte er die ersten Auftritte, das fand ich toll und konnte mir gut vorstellen, das auch zu machen.

Ich bin ihm sozusagen in den Chor gefolgt. Mein Bruder war die ganze Zeit auch bei den Thomanern, wir haben sieben Jahre zusammen hier im Chor verbracht.

Musstest du trotzdem eine Aufnahmeprüfung absolvieren?

Es hat sich alles Schritt für Schritt ergeben – aber trotzdem gab es zwischendurch auch die Aufnahmeprüfungen. Da kommt man nicht drum herum, auch wenn man die Vorbereitungsklasse besucht. Aber es hilft sicherlich sehr, wenn man alles schon kennt. Als ich die Prüfung absolviert habe, war ich schon ein Jahr lang in der Vorbereitungsklasse, kannte die Räumlichkeiten und die Abläufe … es war ein langsames Reinwachsen. Aber natürlich haben wir die gleichen Prüfungen gemacht wie alle anderen auch.

Obwohl du aus Leipzig kommst, lebst du die Woche über im Internat. Wie war das am Anfang, hattest du oft Heimweh? Und wie erlebst du das Internatsleben heute?

Es ist logistisch viel praktischer, im Internat zu leben, weil ich bis abends mit Hausaufgaben und Proben verplant bin. Da die Schule gleich gegenüber vom Alumnat ist, ist mein Schulweg viel kürzer, als er es sonst wäre. Außerdem ist es einfach so festgelegt, dass wir unter der Woche hier im Alumnat wohnen. Das macht den ganzen Ablauf hier im Haus einfacher, wenn alle beieinander sind. Am Wochenende und in den Ferien bin ich dann zu Hause.

Früher bin ich außerdem mittwochs nach Hause gegangen, denn das ist unser sogenannter Heimschläfertag, an dem zu Hause übernachten darf, wer das möchte. Das ist vor allem für die Jüngeren wichtig, die so auch unter der Woche einen Tag zu Hause bei den Eltern sind.

Von Jahrgang zu Jahrgang ist es unterschiedlich, wie viele Jungen aus Leipzig kommen und wie viele zugezogen sind – aber die Tendenz ist so, dass immer mehr Jungen aus Leipzig kommen, während es früher einen größeren Anteil Externer gab.

Die Thomaner sind eine eingeschworene Gemeinschaft, auch außerhalb der Musik. Wie gut hast du Anschluss gefunden, als du neu dazu gekommen bist?

Ich erinnere mich noch ziemlich genau. Wir unterhalten uns häufiger darüber, wie das am Anfang war, da werden dann Geschichten erzählt. So, wie ich mich erinnere, war für mich von Anfang an alles super.

Es war eine spannende Zeit und ich war sehr neugierig auf alles, was hier so passierte, und es hat mir sehr, sehr viel Spaß gemacht.

Ich weiß noch, dass ich, als ich die erste Nacht die Möglichkeit hatte, im Alumnat zu schlafen, meine Mutter angeflunkert habe, dass es Pflicht sei, die erste Nacht dort zu schlafen, damit ich endlich im Alumnat schlafen konnte. Ich hatte mich schon so darauf gefreut.

Für mich war es also ziemlich einfach, mich bei den Thomanern einzufinden. Ich denke, es hat auch damit zu tun, dass mein älterer Bruder ja schon im Chor war und ich da immer einen Bezug hatte. Es ist mir leichtgefallen, Anschluss im Chor zu finden.

Es gibt ja spezielle Systeme hier im Chor, die Neuen helfen sollen.

Wir passen untereinander, vor allem auch in der Wohngemeinschaft, aufeinander auf. Es gibt da so ein Mentor-Ultimus-System, dass immer ein Älterer auf einen Kleineren aufpasst. Das ist personenbezogen, wir wohnen also auch die ersten zwei, drei Jahre zusammen im Zimmer. Das hat auf jeden Fall auch sehr geholfen. Und klar, dass ich aus Leipzig komme und dass ich, wenn ich nach Hause wollte, auch die Möglichkeit dazu hatte, hat es leichter gemacht. Bei Leuten, die von weiter her kommen, ist das ein bisschen schwieriger und da ist natürlich auch Heimweh ein großes Thema.

Was ist besonders bei den Thomanern und wäre vielleicht ungewohnt für einen Jugendlichen, der ganz normal zur Schule geht und bei seinen Eltern lebt?

Bei uns gibt es zum Beispiel ein Aufnahmeritual, die sogenannte Sechsertaufe. Dabei findet im Chorlager, das immer in den letzten Tagen der Sommerferien ist, eine Aufnahme der Neuen in den Chor statt. Da wird man mit Wasser übergossen und es wird der Spitzname verkündet, der jeden Thomaner die ganze Chorzeit hindurch begleitet. Das gehört irgendwie dazu. Die Jüngeren freuen sich auch total darauf.

Und dann gibt es natürlich die erste Probe, dann hat man seine erste Motette, wo man eine Sonnenblume am Grab Johann Sebastian Bachs ablegt, oder wenn man Geburtstag hat und alle klopfen, und man bekommt eine Kerze … lauter Dinge, die man zum ersten Mal erlebt. Das ist schon etwas Besonderes.

Ich finde das Leben im Internat super. Obwohl … es kommt ein wenig darauf an, ob man der Typ dafür ist. Im Laufe meiner Chorzeit habe ich allerdings überwiegend Leute kennengelernt und mit Leuten zusammengewohnt, die super in diesem System klarkommen und denen das überhaupt nicht schwerfällt, die Regeln, die für das Zusammenleben nötig sind, einzuhalten.

Für mich ist das Wohnen im Internat, das ja von vielen immer wieder kritisch betrachtet wird, wirklich eine super Sache.

Man bekommt so viel mit auf den Weg gegeben, vor allem, was Teamfähigkeit angeht.

Der Alltag zwischen Schule und Chor ist sicher oft anstrengend. Wie sieht ein typischer Tag bei dir aus?

Der Tag beginnt morgens mit dem Wecken. Wir werden alle gleichzeitig geweckt und gehen zur gleichen Zeit zum Frühstück. Danach sind wir bis um eins in der Schule, dann gibt's eine große Mittagspause und Mittagessen im Alumnat. Einige Klassen haben danach noch einmal Unterricht, bis ungefähr halb vier. Daran schließen sich die Proben an, die über den ganzen Nachmittag verteilt sind. Zwischendurch, wenn man gerade keine Probe hat, gibt es für jeden einmal wöchentlich Gesangs- und Instrumentalunterricht. Mit dem Abendessen sind die Proben vorbei. Danach ist noch Zeit für Hausaufgaben oder Freizeit. Und dann geht man auch schon ins Bett.

Trotzdem bleibt mir genug Zeit zum Entspannen und für Freunde.

Klar, es ist eng getaktet, aber dadurch, dass dieser Ablauf Alltag wird, lernt man, ganz gezielt seine Zeit einzuteilen, und man weiß genau, wofür man Zeit hat. Von daher empfinde ich das eigentlich nicht als zu wenig. Ich habe gelernt, damit umzugehen. Ich teile

mir meine Zeit ja auch selbst ein und es gibt viele Möglichkeiten, am oder im Haus direkt etwas zu unternehmen. Es ist nicht weit bis zur Innenstadt, wenn man etwas erledigen muss, der Fußballrasen ist direkt bei uns am Haus, es gibt den Park, der auch nur eine Straße weit weg ist. Eine Turnhalle gibt's hier, man kann in den Kraftraum gehen, es gibt Brettspiele, Kartenspiele, … Und es sind immer genügend Freunde um einen herum, sodass man nie einen weiten Weg hat, um in der Freizeit etwas zu unternehmen.

Dieses Jahr machst du dein Abitur und verlässt dann die Thomaner. Kannst du dir vorstellen, die Musik künftig professionell zu betreiben?

Mit der Musik professionell weiterzumachen kann ich mir eher nicht vorstellen. Dazu gehört sehr viel mehr als das, was wir hier in unserem Choralltag erleben. Und man muss einfach sehr, sehr begabt und gut sein, damit man mit der Musik sein tägliches

Brot verdienen kann. Denn die Konkurrenz ist entsprechend groß.

Als Hobby will ich die Musik aber auf keinen Fall aufgeben. Das habe ich so auch bei vielen, die vor mir den Chor verlassen haben, mitbekommen. Ich könnte zum Beispiel im Gewandhauschor oder im Universitätschor singen. Aber professioneller Musiker möchte ich nicht werden.

Gibt es etwas, worauf du besonders stolz bist?
Nicht so direkt. All die Jahre im Chor kam ein Höhepunkt nach dem nächsten – und dabei gibt es nichts, was wirklich heraussticht. Toll waren sicherlich die großen Reisen, an die ich gern zurückdenke. In Argentinien hatten wir mal ein Konzert, bei dem 3.000 Besucher zugehört haben. Aber es gab so viele tolle Erlebnisse, dass es sehr schwer ist, ein absolutes Highlight zu benennen.

Oskar Hartmut Didt, 18, ist seit 2005 Mitglied beim Thomanerchor Leipzig. Nach dem Abitur möchte er zwei Monate in Frankreich verbringen und sich anschließend um einen Ausbildungsplatz beim Auswärtigen Amt bewerben.

Das Schreiben ist ein Traum

Helena und Sarah verbringen viel Zeit mit dem Geschichtenerfinden

Helena:

Vor einigen Tagen bekam ich einen Anruf: Ob ich Lust hätte, mit meiner Freundin Sarah einen Text für den Beltz Verlag zu schreiben und von meiner Leidenschaft, dem Geschichtenerfinden, zu erzählen? Klar habe ich Lust!

In der 3. Klasse habe ich meine erste Geschichte über lebende Schneemänner geschrieben und viele weitere folgten. Meiner damaligen Lehrerin fiel meine Schreibbegeisterung auf und sie gab mir einen Prospekt vom Westfälischen Literaturbüro Unna, in dem ein Workshop »Kreatives Schreiben« angeboten wurde, an dem ich in den darauffolgenden Sommerferien teilnahm. Dort haben Sarah und ich uns kennengelernt.

Mittlerweile besuchen wir zum sechsten Mal in Folge zusammen den Kurs und lernen jedes Jahr viel über das Schreiben und treffen weitere Jugendliche mit derselben Begeisterung. Zwar werde ich von meinen Klassenkameraden schräg angeschaut, wenn ich erzähle, was ich in den Sommerferien und in meiner Freizeit mache, doch ich liebe das Schreiben zu sehr, um aufzuhören.

Selbst wenn ich mit Freunden draußen bin, denke ich ans Schreiben.

Denn wenn ich eine schöne Landschaft sehe, überlege ich mir, wie ich diesen Ort in einer Geschichte unterbringen könnte, und bei Musik, wie der Ablauf einer neuen Geschichte sein könnte.

Sarah:

Auch ich liebe das Schreiben. Überall im Leben begegnen wir Einschränkungen, Regeln und Begrenzungen. Die einzige Möglichkeit,

frei zu sein, liegt ganz bei uns. Denn unsere Fantasie kann niemand kontrollieren. Was auch immer wir denken wollen, was auch immer wir erfinden, es gehört nur uns.

Ich weiß nicht mehr, wann ich begonnen habe, mir Geschichten auszudenken und aufzuschreiben.

Ich denke, ich war schon immer ein Mensch, der ohne Fantasie nicht überlebt hätte. Als ich neun Jahre alt war, bekam ich durch meine damalige Klassenlehrerin die Möglichkeit, an meinem ersten Literaturkurs teilzunehmen, wo ich erstmals begriff, wie viel mir das Schreiben persönlich bedeutet, und wo ich Gleichgesinnte wie Helena kennenlernte.

Vielleicht wusste ich es schon vorher, aber das war der Punkt, an dem die Möglichkeit, Texte zu veröffentlichen und Autorin zu werden, zu meinem Traum wurde.

Ich habe mir schon oft Gedanken darüber gemacht, ein Buch zu schreiben. Dann habe ich mit Sarah ausprobiert, zusammen an einer Geschichte zu arbeiten, denn zwei Köpfe haben mehr Ideen. Doch unsere komplett unterschiedlichen Gedanken und Schreibstile standen sich gegenseitig im Weg. Schon bei den Figurenbeschreibungen hatten wir ganz andere Vorstellungen. Jetzt bin ich zu dem Schluss gekommen, erst mal bei kleineren Geschichten zu bleiben.

Der Wunsch, später einmal ein Buch zu schreiben, ist aber nach wie vor sehr groß. Ich stelle mir das total schön vor, in einen Buchladen zu gehen und mein Werk zu sehen.

Nur der Gedanke daran, dass es sicher auch viel Kritik gibt, macht mir ein bisschen Angst. Ich glaube, mit Kritik hat ein Autor sehr zu kämpfen.

Am liebsten jedoch schreibe ich Gedichte. Wenn mein Text sehr poetisch ist und andere zum Nachdenken bringt, dann habe ich mein Ziel erreicht. Wenn es dann aber heißt, einen meiner Texte einem Publikum vorzustellen, werde ich immer viel zu schnell selbstkritisch. Meine Texte sind mir dann nicht gut genug. Eigentlich habe ich Angst, meinen Zuhörern gefällt dieses Resultat gar nicht. Und wenn ich gesagt bekomme, dass etwas, auf das ich stolz bin, nicht gut ist, habe ich ein mieses Gefühl. Zum Glück passiert das selten. Die meisten loben oder applaudieren, ich bekomme auch schon mal einen Schulterklopfer. Und das ist die größte Belohnung, die ich für meine Arbeit bekommen kann. Erst letztens hatten wir in der Schule das Thema Gedichte.

Ich schrieb als Hausaufgabe ein Gedicht und las es im Unterricht vor.

Der Lehrer war so begeistert, dass er es gern als Ausdruck haben wollte. Er wolle es von einer höheren Klasse analysieren lassen. Nur weiß ich nicht mit Komplimenten umzugehen und habe einfach nur breit gegrinst.

Sarah:
Schreiben ist für mich das Bannen von Wörtern auf Papier. Ich halte Gedanken fest. Ich nehme ein Stück unserer Freiheit und teile sie mit der Welt, in der Hoffnung, dass es für sie beim Lesen keine Schranken und Blockaden mehr gibt.

Eine kleine Idee, ein kurzer Eindruck verwandeln sich in eine neue Welt, die ich zwar selbst schaffe, die aber ihren Bewohnern gehört und den Menschen, die sie nachempfinden. Manche Menschen denken, es gehe darum, Gott zu spielen und alles zu verwirklichen, was mir sonst unmöglich ist. Teilweise stimmt das auch, aber Gott zu spielen ist beim Schreiben häufig schwieriger, als man denkt.

Wenn ich nicht weiß, wo ich mit der ganzen Geschichte hinmöchte, entwickeln sich die Figuren wie eigensinnige lebendige Wesen von selbst weiter und ich selbst bin auf einmal diejenige, die ihrer eigenen Fantasie zusehen darf.

Es ist unglaublich beeindruckend zu sehen, wie Fantasie mehr wird als bloß eine zufällige Reihe aus Gedanken. Wie sie beginnt, zu leben. Ich fühle mich dann als Teil eines großen Ganzen und mehr wie ein Gehilfe als wie der Schöpfer selbst.

Durch das Schreiben kann ich sein, wer immer ich möchte, und ich kann jeden Leser dazu bewegen, zu verstehen. Es mag Grenzen geben, aber ich selbst bin die einzige Person, die diese aufrechterhält.

Aus meinem Alltag ist das Schreiben nicht mehr wegzudenken: Ich brauche keine festen Zeiten, um es auf ungefähr eine bis zwei Stunden täglich zu schaffen, je nach Tag sogar bis zu vier Stunden.

Es ist
unglaublich
beeindruckend
zu sehen,
wie Fantasie
mehr wird.

Du kannst schreiben, was du willst.

Weder schaffe ich es, nur ein Buch zur selben Zeit zu lesen, noch, mich auf nur ein Projekt zu konzentrieren; ich arbeite an vielen verschiedenen Texten, größeren oder kleineren, um nach meiner Laune entscheiden zu können, was ich schreiben möchte.

Ohne Unterstützung ist so etwas wahrscheinlich gar nicht zu schaffen. Und obwohl meine Freunde und Familie vielleicht nicht immer ganz nachvollziehen können, wieso Schreiben so wichtig für mich ist, inspirieren sie mich ständig aufs Neue, bestätigen mich in dem, was ich tue, und reagieren mit Neugier und Interesse, was mir eine Menge bedeutet und was ich sehr zu schätzen weiß.

Schreiben ist nämlich mehr als bloß gekritzelte Wörter auf Papier oder stumpfe Tastenanschläge.

Denn das ist nur das, was jeder davon sehen kann. Der eigentliche Schreibprozess findet im Kopf statt, dort, wo wir unsere Träume und Geheimnisse aufbewahren und jeder Wunsch und jede Hoffnung warten. Denn Schreiben ist nicht einfach schreiben. Es ist träumen, hoffen, lachen und weinen. Es ist, frei zu leben und das in Worte zu fassen. Ich weiß nicht, ob ich derselbe Mensch wäre, wenn ich nicht die Möglichkeit hätte, zu schreiben.

Es hilft mir dabei, Dinge loszuwerden und zu verarbeiten oder wichtige Entscheidungen zu treffen.

Deshalb kann ich mir auch nicht vorstellen, irgendwann in meinem Leben nicht mehr zu schreiben. Und deshalb ist es für mich auch egal, ob ich irgendwann beim Schreiben an einen Punkt komme, wo ich auf einmal nicht mehr weiterweiß. Denn so etwas gibt es immer wieder, aber was zählt, ist die Tatsache, dass es sich eher lohnt, eine Pause zu machen und ganz frei neu zu beginnen, als etwas aufzugeben, ohne das man nicht leben könnte.

Helena:

Was mich antreibt? Sehr vieles. Es gibt keine Regeln für das Schreiben. Du kannst schreiben, was du willst und wie du es willst. Du kannst eine völlig neue Welt erschaffen, neue Tiere und Lebewesen erfinden. Du kannst mit deinen Geschichten und Gedichten Leute berühren, glücklich oder nachdenklich machen. Du kannst Botschaften an die Menschen richten. Du kannst Idole, Kinderhelden und Berühmtheiten schaffen. Das ist das, was mich antreibt: die unendlichen Möglichkeiten des Schreibens.

Alles ist möglich und man ist an nichts gebunden. Freiheit. Freiheit verspüre ich, wenn ich neue Welten erschaffe, in denen ich alles werden lassen kann. Das Schreiben ist für mich wie ein Unterschlupf, wenn ich mal zu viel um die Ohren habe. Ich fange an, über eine Idylle zu schreiben, und mein Traum beginnt.

Während ich schreibe, bin ich in der von mir erschaffenen Umgebung, treffe Lebewesen und kann sie reden lassen. Einen Traum muss man erlebt haben, um ihn vollständig verstehen zu können. Man kann Träume nicht genau in Worte fassen, genau wie das Schreiben. Und gerade das macht es zu etwas ganz Besonderem.

Sarah:

Was auch immer wir denken wollen, was auch immer wir erfinden und was auch immer wir schreiben, es gehört nur uns. Unsere Fantasie ist frei und einen Abdruck ihrer selbst schreiben wir auf, um ihn zu teilen.

Deswegen liebe ich das Schreiben: Es ist gleichbedeutend mit Freiheit.

Helena Sydney Kraemer geht in die 8. Klasse des Gymnasiums. Neben dem Schreiben begeistert sie sich für Zeichnen und Malen. Und sie versucht, nicht wie jeder andere zu sein.

Sarah Thomas, 15, ist schreib- und musiksüchtig, Leseratte und Schokoholic. Sie nimmt Gesangs- und Klavierunterricht und tanzt Standard – denn sie mag jede künstlerische Form, um sich auszudrücken.

Besonders cool ist es, wenn Freunde die eigene App nutzen

Interview mit Lukas, der mit großem Spaß Apps entwickelt

Was ist deine große Leidenschaft?

Ich konzipiere und programmiere Applikationen, also Apps, für Smartphones und Tablets. Anfangs habe ich alles selbst gemacht, was zur Entstehung einer App gehört, also Ideenfindung, Konzeption, Design, Marketing etc., um so viel Erfahrungen wie möglich zu sammeln. Mittlerweile bin ich Kogründer einer eigenen kleinen Softwarefirma bestehend aus zwei Leuten, in der ich zwar noch für den Großteil der Entwicklung zuständig bin, aber doch einige Aufgaben an meinen Kollegen abgegeben habe. Damit habe ich mir eigentlich einen ersten Teil meines großen Traumes, »ein Erfolgsunternehmen zu gründen«, erfüllt.

Was begeistert dich am Programmieren?

Nun ja, zum größten Teil ist es die Technik. Das Smartphone bietet für seine Größe schon eine Menge Möglichkeiten, aber es ist im Vergleich zu PCs auch wiederum deutlich beschränkt. Das macht es allerdings für den Entwickler so interessant, weil man sich oft komplexe Lösungen überlegen muss, um eine große Software auf ein kleines Gerät zu bringen.

Wie bist du zur App-Entwicklung gekommen?

Meine erste App entstand, als ich 14 war. Es geht darin um das Thema weltweite Atomkraftwerke und ihre Laufzeiten. Die Idee kam mir, als das Unglück in Fukushima passierte. Mit meiner App kann der Benutzer über einen interaktiven Globus wandern und durch Tippen auf eines der gekennzeichneten Atomkraftwerke er-

Meine erste App entstand, als ich 14 war.

fahren, wie lange dieses noch laufen soll, wie weit es vom eigenen Standort entfernt ist, aber auch, wie viele Atomkraftwerke es in der Umgebung, in Europa oder sogar auf der ganzen Welt gibt. Eine relativ kleine App also – aber für mich war das perfekt, um das Prozedere der Veröffentlichung einer App kennenzulernen. Momentan ist die App allerdings nicht mehr verfügbar, weil es zu viel Zeit kosten würde, alle Daten ständig zu aktualisieren.

Für mich selbst war die erste App eigentlich nicht so die große Geschichte.

Es ist nicht typisch für einen Jungen in dem Alter, eine App rauszubringen, und ich wusste nicht, wie Freunde darauf reagieren würden, also machte ich keinen großen Wirbel drum, aber als dann nach ein paar Wochen immer mehr Leute davon hörten und sagten, wie cool sie das finden, wurde mir klar, dass es keine schlechte

Leistung war. Als ich schließlich die Einladung des Bürgermeisters der Stadt Solms für eine Ehrung wegen besonderer Leistung bekam und auch die Wetzlarer Neue Zeitung darüber berichten wollte, war das die Bestätigung, dass ich da weitermachen sollte.

Besonders cool ist es, wenn man Freunde sieht, die die eigene App nutzen, oder wenn man darauf angesprochen wird und Sachen erlebt, zu denen man sonst nie gekommen wäre, Radiointerviews zum Beispiel.

Welche Art von Apps machst du und was ist dein jetziges Projekt?

Eigentlich arbeite ich an dem Konzept eines weltweiten Reiseführers. Gerade liegt das Projekt aber auf Eis, da ich wegen der Teilnahme an einem Wettbewerb sehr ausgelastet bin. Dafür arbeite ich daran, Smartphones so zu erweitern, dass sie als PC, Radio oder Spielekonsole nutzbar werden. Grundlage ist eine Dockingstation, in die das Smartphone gesteckt wird und die Anschlüsse für Maus, Tastatur, Monitor und Ähnliches enthält.

So wird das Smartphone zu einem vollständigen Arbeitsplatz oder zur Spielekonsole, je nachdem.

Damit dies auch schön zu bedienen ist, müssen für das Smartphone Oberflächen für jeden Anwendungsbereich geschrieben werden, weil man das Smartphone nun anders bedient (nicht mehr durch Gesten und Touch). Es muss also an die Bedienung mit der Maus oder dem Controller angepasst werden. Das Ganze soll die ungenutzten Möglichkeiten des Smartphones leicht zugänglich machen.

Wie viel Zeit verbringst du mit dem Programmieren?

Die Woche läuft bei mir eigentlich ab wie bei jedem anderen auch. Der einzige Unterschied ist, dass ich mir immer wieder ein paar Stunden Zeit nehme, um an Projekten zu arbeiten. Schwierig wird es, wenn ich vor einer Problemstellung festsitze und nicht aufhören möchte, bevor ich das Problem gelöst habe. Dann kann es passieren, dass ich einige Stunden vor dem PC verbringe, ohne es zu merken. Dann vergesse ich auch schnell mal alles andere, was ich so vorhatte.

Kann man damit nicht richtig Geld verdienen?

Wenn man als Jugendlicher ein solches Hobby beginnt, muss man erst einmal Geld investieren. Man braucht mindestens ein Smartphone zum Testen. Gut wären zwei (Android und iOS), und optimal ist es, dann noch ein Tablet zu haben. Pflicht ist auf jeden Fall ein guter Computer. Wenn man für das iPhone programmieren will, geht es ohne Mac gar nicht. Dann braucht man, um Apps zu veröffentlichen, mehrere Lizenzen. Am Anfang hat man also eine Ausgabenliste.

> Bis man wirklich professionell Geld damit verdient, dauert es natürlich und bedarf einiger Erfahrung. Mittlerweile kann ich sagen, dass ich wirklich einen guten Nebenverdienst damit aufgebaut habe.

Aber auch nur, weil ich Auftragsarbeiten erledige und auf dem Weg zur eigenen Firma bin. Bis man die eine große Idee jedoch hat, sollte man genau diesen Weg gehen und mit Aufträgen viel Erfahrung sammeln.

Hast du Vorbilder?

In der Technikbranche ist es nicht so wie im Sport. Im Sport würde man sich vielleicht die größten Stars der eigenen Disziplin als Vorbild nehmen, aber die berühmtesten Persönlichkeiten in der Computerbranche wie Bill Gates oder Steve Jobs sind für mich nicht so wichtig. Ich interessiere mich eher für besonders innovative und coole Firmen, bei denen ich mal arbeiten möchte. Es kann sehr helfen, wenn man sich nicht fragt, ob man wie jemand Erfolgreiches sein möchte, sondern ob man so gut sein möchte, dass man bei einer der erfolgreichsten Firmen arbeitet. Hier in Deutschland sind

die coolsten Arbeitgeber für mich momentan die »6Wunderkinder«
aus Berlin.

Lukas Trümper, 17, lebt in Wetzlar und besucht zurzeit die 12. Klasse der dortigen
Goetheschule. In seiner Freizeit spielt er gern Fußball, interessiert sich für Wirt-
schaft und die Börse und natürlich für App-Entwicklung.

Theater hautnah

Paul, Laura, Florian, Tabea und Johanna leben ein Jahr lang fürs Theater

Wir sind dreißig junge Menschen aus ganz Deutschland, die sich in diesem September in Bochum zusammenfanden, um in ein Jahr Theater zu starten und den Kampf mit den eigenen Zweifeln und Schranken aufzunehmen. Das Projekt »TheaterTotal« gibt jährlich jungen Erwachsenen die Möglichkeit, sich in Zusammenarbeit mit professionellen Künstlern in einer ganzen Bandbreite kreativer Berufe auszuprobieren. Der Name ist dabei Programm, denn das Theater wird von uns total, in all seinen Facetten, hautnah erfahren. In den ersten sieben Monaten umfasst der tägliche Stundenplan Tanz, Schauspiel, Gesang, Fechten, Zeichnen, Malen, Dramaturgie, Mediengestaltung, Anfertigung von Bühnenbild und Kostümen, Licht- und Tontechnik, Marketing und vieles mehr. Und nicht nur das: Wir planen, kochen, waschen, putzen, machen grundsätzlich alles selber oder lernen, es zu tun. In den ersten Monaten haben wir eine Tanzperformance entwickelt und öffentlich aufgeführt. Während der letzten drei Monate des Projektes sind wir mit einem selbst ausgesuchten und einstudierten Theaterstück auf Tournee durch ganz Deutschland und die Schweiz. Pressearbeit und Organisation der Tournee liegen auch hier wieder in unseren Händen.

Seit Projektbeginn lachen und leiden wir gemeinsam. Lernen im Schauspielunterricht die eigenen Emotionen und im Tanz den eigenen Körper kennen.

Beschäftigen uns im Technikworkshop mit Licht und Kabeln, im Malunterricht mit Schatten und Farben. Sind während der dreimonatigen Probenphase zusammen verzweifelt – und haben nach der Premiere gemeinsam gefeiert.

Paul, 20:

TheaterTotal war immer schon in meiner Nähe; nur circa 15 Fahrradminuten entfernt, und das fast mein gesamtes Leben lang. Aber ich wusste nichts davon. Dann bekam ich glücklicherweise genau zum richtigen Zeitpunkt Wind von dem Projekt. Im Mai letzten Jahres, genau einen Monat vor Bewerbungsschluss, kurz bevor ich mich aus reiner Verzweiflung für Maschinenbau an sämtlichen Unis beworben hätte.

Ich bewarb mich also ohne lange Bedenkzeit bei TheaterTotal, mich machte die Internetseite neugierig und Theater stand auf meiner Liste der Sachen, die ich noch ausprobieren wollte. Es schien mir ideal: Ich konnte die Entscheidung über meine berufliche Zukunft ein Jahr länger aufschieben und ich hatte zwar noch nicht oft auf Bühnen gestanden, aber wahnsinnig Lust darauf. Ich würde Unterricht in Schauspiel, Tanz und Gesang bekommen. Dinge, die mich immer interessiert hatten, die ich aber mangels Eigeninitiative nie wirklich in Angriff genommen hatte.

Wie alle Bewerber wurde ich zu einem zweitägigen Workshop eingeladen. Es gibt bei TheaterTotal jedes Jahr jeweils zwei davon, zu denen insgesamt circa 120 Bewerber eingeladen werden. Für den nächsten Jahrgang werden daraus 30 junge Leute ausgesucht. Die Workshops werden vom vorherigen Jahrgang begleitet und es gibt im Rahmen des Workshops auch eine Aufführung der letztjährigen Inszenierung.

Bis heute habe ich den Workshop als sehr einschüchternd in Erinnerung. Nach meiner knapp viertelstündigen Fahrt traf ich auf 60 Gleichaltrige aus dem ganzen deutschsprachigen Raum und sogar darüber hinaus. Ich begann mich zu fragen, ob ich, wäre das Projekt sechs oder mehr Stunden entfernt, diesen Weg auf mich genommen hätte. Ich hätte es mir auf jeden Fall länger überlegt.

Und auch die übrige Zeit verließ mich dieses Gefühl nicht: Bei den Improvisationsübungen war ich viel zu nervös, bei den Tanzübungen betrat ich absolutes Neuland, während das beim Großteil der Gruppe wesentlich routinierter aussah, und abends erfuhr ich

nach der Aufführung von einigen Teilnehmern, welche enormen Anstrengungen das Projekt von einem fordere.

Nach diesem Einblick wusste ich, dass ich mich, wenn man mich lassen würde, mit riesiger Begeisterung in das Projekt stürzen würde. Denn die Aussicht darauf, so viel zu geben und so intensiv an einem Stück und an sich selbst zu arbeiten, faszinierte mich. Also ließ ich es darauf ankommen. Ich bewarb mich weder für Maschinenbau noch für etwas anderes und ließ TheaterTotal eine Postkarte mit meinem unveränderten Wunsch, teilzunehmen, zukommen. Das war der Beginn meines Theaterjahres.

Laura, 19:

Es geht los! Endlich haben wir uns für ein Stück entschieden. Die Mission: »Viel Lärm um nichts« soll entdeckt werden! Szenen werden gelesen, Rollen erschlossen und die Handlung des Stücks wird immer klarer. Es starten erste Improvisationen mit bunten Kostümen, Geschlechtertausch und grenzenlos kreativen Eigeninterpretationen. Eine Phase, die mir richtig Spaß macht, aber mit der Zeit für mich ihre Zielsetzung verliert. Die wenige noch unverplante Zeit zu nutzen, um mich mit einer Figur vertraut zu machen und diese auszuprobieren, daran habe ich nicht gedacht. Irgendwie selbst schuld!

Denn irgendwann geht es rasend schnell und die Proben werden immer intensiver, die Rollenverteilungen klarer und der Druck größer. Alle wollen etwas von einem, denn die Tournee muss organisiert werden und die Küche daheim putzt sich auch nicht von selbst. Jetzt ärgere ich mich über vergeudete Minuten, die ich hätte nutzen können.

Doch wann darf ich mir Pausen nehmen und diese bewusst für mich nutzen? Kreativ zu arbeiten unter Stress und trotzdem den Spaß daran zu finden, eine Figur zu erobern, einen Charakter zu schaffen, mit dem man in das Geschehen eingreifen kann, fällt mir unglaublich schwer. Immer mehr in unserer Inszenierung ist bereits gesetzt – die verbleibende Freiheit auszunutzen und mein »eigenes Ding« zu schaffen will einfach nicht funktionieren. Denn gegen die eigene Trägheit und die der Gruppe anzukommen fühlt sich oft an wie der Versuch, mit Anlauf durch eine Backsteinmauer zu rennen.

Einstellung ist alles und die hat nun mal jeder selbst in der Hand. Wenn diese stimmt, komme ich voran und die Zeit verfliegt.

Doch wie mobilisiere ich meine eigene Kraft, ohne mich darauf zu verlassen, dass mich jemand antreibt?

Die vier letzten Probenwochen sind eine Zeit der Schlaflosigkeit und der Grenzüberschreitung. Das gewohnte Umfeld ist weit weg und Kontakt in die Heimat gibt es kaum. Ich muss mir Halt in der Gruppe suchen oder lernen, mich selbst zu halten. In dieser Zeit werden nicht nur die Rollen der Komödie verteilt, sondern auch die der einzelnen Personen in der Gruppe gesetzt. Wer trägt

Verantwortung und organisiert den Rest? Und wer schafft es, sich organisieren zu lassen und sich unterzuordnen? Zu unterscheiden, welcher Beitrag die gemeinsame Arbeit voranbringt und welcher eher in die Schublade Einzelschicksale gehört, fällt dem einem schwerer als dem anderen.

Im Gegensatz zum Lehrer in der Schule freuen sich die anderen nicht immer über jeden gut durchdachten Kommentar, wenn sich die Probe ohnehin wieder einmal bis in die späten Abendstunden zieht.

Ich versuche, meine Stärken zu erkennen und sie zu nutzen, um mich in die Gruppe zu integrieren.

Aber auch wenn ich mich bemühe, zerrt jede Probe mehr an meinen Kräften. Der Kampf um die Hauptrollen hält sich in Grenzen, denn keine Hauptrolle zu spielen ist auf jeden Fall eine kleinere Verantwortung. Unsere Hauptbühne wird nur noch ›das Loch‹ genannt, da es dort an Tageslicht mangelt und man jegliches Zeitgefühl verliert. Doch wir haben ein gemeinsames Ziel und das heißt Premiere. Eine Aufführung, die etwas erzählt und die wir gern dem Publikum präsentieren möchten. Um das zu erreichen, muss jeder bis über seine Grenzen gehen.

Dann ist die Generalprobe.

Florian, 18:
Das Stichwort fällt und es wird still. Knisternd fährt über mir der Scheinwerfer hoch, wird immer heller und setzt einen Spot auf die wartenden Musiker. Der Rest der Szenerie wird langsam dunkler.

Mein Blick wandert vom Vorhang hinüber zu den Schauspielern im Zentrum der Bühne, einen kurzen Moment beobachte ich ihre Bewegungen und warte darauf, dass ihre Worte verklungen sind. Dann hebe ich den Bogen, setze ihn auf die Saiten und beginne vorsichtig zu spielen. Nicht zu laut, nicht zu kräftig, um die zärtliche Stimmung der Szene nicht zu durchbrechen, aber dennoch bestimmt genug um die Töne weit durch den Saal fließen zu lassen. Ich schließe die Augen und genieße den kurzen Moment, in dem nun alle Blicke auf mir ruhen, genau 75 Sekunden, in denen im Hintergrund das Bühnenbild lautlos verschoben wird – dann beginnt eine neue Szene und der Spot verschwindet im Nichts.

Über zehn Jahre habe ich vor TheaterTotal bereits Cello gespielt, oft auch auf der Bühne, und immer stand dort die Musik im Zentrum. Immer konnte man frei den Melodien folgen, immer stand ich mit den anderen Musikern allein im Licht der vorhandenen Scheinwerfer. Während der Arbeit für TheaterTotal jedoch habe ich gelernt, was es heißt,

Musik nicht rein als solche, sondern als Teil von etwas Übergeordnetem zu begreifen,

habe erkannt, wie sich mein Gefühl als Musiker verändert, wenn ich meist im Schatten des Geschehens stehe und aus dem Hintergrund die Atmosphäre eines Gesamtkunstwerkes schaffe. Zunächst scheint es fremd und lästig, sich zurückhalten, sich einfügen zu müssen in die wesentlichen Handlungen und Geschehnisse auf der Bühne, doch irgendwann habe ich erkannt, wie faszinierend es ist, wenn Musik, Tanz und Text ineinander aufgehen, wenn sich die Figuren auf der Bühne zu deiner Musik bewegen und du einen Teppich ausrollst, auf dem gespielt und gelacht werden kann. Wenn du mit deiner Musik anderen dienen kannst. Doch bis dahin war es ein langer und anstrengender Weg.

Verantwortung tragen für die Musik, den Ton, den kompletten Klang einer Inszenierung heißt meist die Schuld tragen an dem, was nicht funktioniert, heißt manchmal Überforderung und heißt allzu oft frustriert sein von dem, was nicht so läuft, wie man es sich wünscht. Es war für mich anfangs schwer, zu begreifen, welche Funktion Musik am Theater erfüllen muss, was man mit dem Klang der Instrumente erreichen will und was es heißt, nicht im Mittelpunkt zu stehen, sondern Atmosphäre zu schaffen. Manchmal waren die Kompositionen zu dramatisch, zu laut oder zu melodisch, und dann war ich frustriert, da ich nicht das zeigen und ausleben konnte, was ich gelernt hatte oder was ich noch lernen wollte. Doch irgendwann habe ich verstanden, dass trotz allem ohne meine Arbeit viel von der gelobten Frische und Fülle der Inszenierung fehlen würde. Das gibt mir die Kraft, weiterzumachen, wenn ich in manchen Momenten einfach die Lust verliere. Denn wenn dann zu Beginn jeder Aufführung alle mit lächelnden Gesichtern, aus voller Kehle singend über die Bühne ziehen, dann begreife ich, dass durch die Musik immer wieder ein Gesamtklang entsteht, der durch die gesamte Inszenierung und eigentlich sogar durch zehn Monate TheaterTotal trägt.

Und in den Momenten dann, in denen über den wartenden Musikern der Scheinwerfer knisternd hochfährt und sich das Zentrum der Bühne kurz verschiebt, genieße ich es umso mehr, ganz in den Melodien schwelgen zu können und frei zu sein in der Musik. Ein bisschen so, wie ich es immer gewohnt war, aber dennoch immer auf einer anderen, ganzheitlichen Ebene, die mir das Gefühl von Gemeinschaft, aber auch von erzwungener Dienstbarkeit gibt. Das ich manchmal lieben und manchmal hassen kann.

Tabea, 18:

Wir stehen im Kreis und halten uns an den Händen. Fester als sonst. Dreißig Gesichter. Ich nehme mir für jedes einzelne Zeit, nehme jeden Einzelnen wahr. »Toi, toi, toi.« Wir lächeln uns zu mit einer Mischung aus Vorfreude und Nervosität. Die Spannung im Raum scheint fast greifbar. Denn hierauf haben wir so lange hingearbeitet, hingefiebert. Die Premiere …

Heute kommt es darauf an, alles zu geben, denn es sitzen Menschen im Publikum, die wir stolz machen möchten und denen wir eine gute Erklärung dafür liefern wollen, dass wir uns wochenlang nicht gemeldet haben.

Ich ertappe mich dabei, wie ich ungefähr zwanzigmal meine Requisiten überprüfe, um sicherzugehen, dass auch ja nichts fehlt – und ich weiß, dass ich damit nicht die Einzige bin. Keiner von uns will schließlich während des Stücks hinter der Bühne erschrocken bemerken, dass etwas fehlt, und damit womöglich die ganze Gruppe aus der Konzentration bringen. Man kann nicht wie bei einer Probe schnell zwischen zwei Szenen über die Bühne huschen, um seine Sachen zu sortieren, jetzt ist Ernstfall angesagt! Ein Schirm wird aufgeklappt. Mein Zeichen zum ersten Auftritt auf die Bühne. Ich kenne meine Wege, meinen Text, meine Stichwörter, meine Figur. Und in die lasse ich mich jetzt hinein- fallen. Was bleibt mir auch anderes übrig? Alle Fluchtwege sind abgeschnitten, Rückzugsmöglichkeiten nicht in Aussicht, und Aus- reden gibt es auch keine.

Ich trete auf die Bühne und bin ... losgelöst. Vergesse die ande- ren hinter der Bühne, vergesse, dass das Licht nur aus Scheinwer- fern kommt, und die einzelnen Personen im Publikum verschmel- zen zu einer großen Masse, die – zum Glück – im Dunkeln sitzt. Das Gefühl auf der Bühne hat etwas Berauschendes. Die Hände sind zittrig, aber dennoch herrscht eine erstaunliche Ruhe in mir.

Jede gelungene Szene ist ein kleiner Erfolg und nicht selten muss ich nach dem Abgang die Freude darüber in ein kurzes Grinsen verwandeln.

Allerdings nur so lange, bis es gilt, sich auf die nächste Szene einzustellen. Auch das Gruppengefühl ist anders als sonst. Wir kommunizieren, aber nur mit Blicken. Das reicht heute. Wir spüren die Energie der anderen und ob es gerade gut läuft oder nicht. Wenn Letzteres der Fall ist, spenden wir mit einem aufmunternden Lächeln oder einem kurzen Händedruck Mut und Motivation.

Das Ganze vergeht wie im Flug. Hat das Stück erst einmal be- gonnen, hangeln wir uns – wie bei Kletterringen auf Spielplätzen – von einer Szene zur nächsten. Dabei wissen wir, dass wir zwar hinten ankommen werden, aber die Frage nach dem »Wie« bleibt ungeklärt. So bleibt uns also nichts anderes übrig, als uns auf uns selbst und auf die Ringe zu konzentrieren und zu hoffen, dass das Publikum aus Bewunderung klatscht und nicht aus Mitleid.

Und am Ende? Als das letzte Wort gefallen, der letzte Umbau geschafft, der letzte Tanzschritt getan ist, schiebt der tosende Applaus für kurze Zeit alle Unsicherheiten beiseite, sind alle Fehler und Patzer vergessen und nur das Gefühl ist noch da, dass man etwas Großes geschafft hat. Gemeinsam und mit Erfolg.

Johanna, 20:

Nach sieben Monaten der intensiven Arbeit, meist im »schwarzen Loch«, wie es aus mancher Munde halblaut erklang, begeben wir uns nun auf die Reise!

»Reisen ist vor allem eine Bewegung der Gedanken«, habe ich neulich gelesen. Und es stimmt. Unendlich viele Stunden haben wir nun aufeinandergehockt, manchmal tagelang kaum frische Luft geatmet oder Sonnenlicht auf der Haut gespürt. Die letzten drei Monate haben wir all unsere Kraft auf die Inszenierung unseres Stückes verwandt. Wir haben im Text und in uns gesucht, haben uns gemeinsam scheckig gelacht, sind verzweifelt, an unsere Grenzen gestoßen und dennoch weitergegangen. Wir hatten kaum Kontakt mit der »Welt da draußen« – bis auf Sponsorensuche und Pressekontakte vielleicht – und Freunden und Familie muss es wohl oft tatsächlich so vorgekommen sein, als hätte uns ein schwarzes Loch verschluckt.

Nun ist das Kind geboren. Shakespeares »Viel Lärm um nichts« feierte Premiere. Und stolz reisen wir in unsere Heimatstädte, um zu zeigen, was wir gemeinsam geschaffen haben.

In immer neuen Räumen gilt es fortan, den immer gleichen Kern zu treffen. Die Positionierung des Bühnenbildes verändert sich zwangsläufig, da die Verhältnisse der Bühne andere sind. Die Akustik ändert sich mit der Architektur, die Wirkung der Stimme mit der Größe und Beschaffenheit des Raums. Wir können an keinen Gewohnheiten festhalten und uns auf nichts irgendwann einmal Geschaffenes verlassen. Wir müssen offen und flexibel bleiben und uns auf jede unbekannte Gegebenheit neu einlassen. Bei jeder Aufführung schauen neue Menschen zu und kein Publikum ist dabei

Der tosende Applaus schiebt für kurze Zeit alle Unsicherheiten beiseite.

gleich. Im Norden lacht man nicht an den gleichen Stellen wie im Süden. Manche begegnen uns direkt und offenherzig und sind mit viel Freude dabei, andere müssen erst geknackt und aufgetaut werden. Und wir müssen lernen, unsere Leistung nicht vom Publikum abhängig zu machen.

Wir lernen viel durch diese Vielfalt. Nicht nur lässt sie uns die eigene Figur noch einmal neu entdecken und das Spiel sich durch die Resonanz des Publikums entwickeln, auch offenbaren sich in anschließenden Gesprächen völlig neue Perspektiven auf das Stück. Entsprechend ihrem Hintergrund nehmen die Zuschauer das Gesehene ganz unterschiedlich wahr und legen ihren Fokus auf verschiedene Dinge. Der Austausch darüber lässt uns unsere eigene Arbeit mit anderen Augen sehen und manches bisher Ungesehene entdecken.

Die Wege sind inzwischen vertraut und bedürfen keiner großen Konzentration mehr. Wir dringen immer tiefer. Unser Kind wächst. Es steht mittlerweile nicht mehr auf wackligen Beinen, sondern hat einen festen Stand bekommen.

Aber der Touralltag ist nicht bloß Wolkenschweben. Es ist ein harter, körperlich anstrengender Rhythmus.

Wir bleiben nicht lang an einem Ort, müssen uns immer wieder auf Neues einlassen und komplette Bühnen manchmal noch in der Nacht nach der Vorstellung abbauen, um am nächsten Morgen um 9 Uhr weiterzufahren.

Glücksmomente sind jene, in denen einer von uns erfährt, dass er getragen wird, wenn ihm die Kräfte mal zur Neige gehen. Dass man sich fallen lassen darf und immer jemand da ist. Darüber hinaus dürfen wir durch die Gastfamilien, bei denen wir an den einzelnen Orten unterkommen, in verschiedenste Wohn- und Lebenskonzepte eintauchen und von jeder Begegnung etwas mitnehmen.

Ich habe begonnen, Tagebuch zu schreiben und mir zu notieren, was ich je Neues und Inspirierendes gelernt habe. Da kommt eine ganze Menge zusammen. Jede Kritik, jeder Gedanke bringt uns weiter. Als Menschen ebenso wie als Darsteller einer Rolle.

Durch die vielen gemeinsamen Erfahrungen haben wir uns verdichtet, sind zusammengeschmolzen und haben als gemeinsames Orchester eine Symphonie geschaffen, in der jeder mit seinem Ton und seiner individuellen Färbung unersetzbar zum Gesamtklang beiträgt. Einige Wochen sind wir so noch gemeinsam unterwegs.

Was dann kommen wird? Wir sind gespannt.

Paul Langer, 20, Laura Graebsch, 19, Florian Paul, 18, Tabea Wiese, 18, und Johanna Niemeyer, 20, sind fünf von 30 diesjährigen Teilnehmern am Projekt TheaterTotal. Gemeinsam haben sie das Theaterstück »Viel Lärm um nichts« von William Shakespeare ausgewählt und unter professioneller Leitung inszeniert. Im Rahmen der Tournee bringen sie das Stück in insgesamt 55 Aufführungen in ganz Deutschland und in der Schweiz auf die Bühne.

Ich darf das machen, was ich liebe

Interview mit Carlotta, die eine Ballettschule besucht

Du besuchst seit drei Jahren die Ballettschule des »Hamburg Ballett – John Neumeier«. Wie bist du zum Tanzen gekommen?

Ich war vier Jahre alt, als ich mit Ballett in einer kleinen privaten Ballettschule in Italien, wo ich aufgewachsen bin, angefangen habe. Eine Freundin meiner Mutter hat selbst getanzt, und gemeinsam mit ihrer Tochter, mit der ich auch befreundet war, habe ich meine ersten Stunden genommen. Das war natürlich noch sehr spielerisch, nur einmal die Woche hatten wir Unterricht. Mit elf Jahren wechselte ich an eine andere Schule, mit zwölf Jahren noch einmal. In dieser letzten privaten Schule hatte ich eine sehr weltoffene Lehrerin, die gleich erkannt hat: Wenn aus mir etwas werden soll, dann muss ich an eine professionelle Ballettschule im Ausland. Ich habe dann in Zürich, Berlin und Hamburg vorgetanzt, da war ich 14 Jahre alt. So kam es, dass ich mich für Ballett entschieden habe, denn eigentlich hatte ich noch viele andere Hobbys, wie zum Beispiel Klavier spielen. Auch gemalt habe ich gern und mag es auch heute noch.

Kannst du dich noch an das Vortanzen in Hamburg erinnern? Und wie hast du – gemeinsam mit deinen Eltern – entschieden, dass du mit 14 Jahren in ein fremdes Land ziehen willst?

Für Hamburg habe ich mich entschieden, weil mir hier die Möglichkeit gegeben wird, Abitur und Tänzerausbildung gleichzeitig zu machen. Außerdem habe ich hier schon beim Vortanzen viele andere Kinder und Jugendliche aus Italien kennengelernt. Auch die Erzieherinnen habe ich gleich gemocht – alles in allem herrschte eine sehr freundliche Atmosphäre, da habe ich mich gleich wohlgefühlt.

Was begeistert dich am Tanzen?

Schon als ich ein kleines Mädchen war, fiel es mir viel leichter, mich in Bewegungen, durch Malen oder Klavierspielen auszudrücken, als mit Worten. Das hat sich eigentlich auch bis heute nicht geändert. Ich weiß nicht genau, wie ich das mit Worten ausdrücken soll, aber Tanzen ist wie eine Wesensart von mir. Etwas, das mich und meine Gefühle beschreibt. Ein bisschen vergleichbar auch mit Malen und Musikmachen, aber stärker. Dabei bin ich eigentlich auch gut in Mathe. Und in Physik und Chemie. Da geht es um logisches und strukturiertes Denken, das brauche ich auch beim Tanzen. Ich habe dann meist ein Bild im Kopf, das ich mit meinem Körper umsetze.

Wie war die erste Zeit in Hamburg: Hattest du oft Heimweh?

Zu Beginn war die fremde Sprache eine Herausforderung. Ich konnte eigentlich kein Wort Deutsch, als ich nach Hamburg kam. Im Internat habe ich mir dann aber immer das Zimmer mit anderen italienischen Mädchen geteilt, mit ihnen konnte ich mich in meiner Muttersprache austauschen – so war es viel weniger fremd.

Das größte Problem am Anfang war die Umstellung auf deutsches Essen!

Auch wenn wir toll versorgt werden, war ich es einfach nicht gewohnt, abends Brot zu essen, vor allem Schwarzbrot kannte und mochte ich nicht. Und auch der Käse ist in Deutschland ganz anders als in Italien. Das hat dazu geführt, dass ich sehr wenig gegessen habe und ziemlich abnahm. In den ersten Ferien im Oktober, etwa einen Monat nachdem ich nach Hamburg gezogen war, durfte ich dann eine Woche länger als alle anderen bei meiner Familie bleiben, damit ich dort wieder zunehme. Meine Eltern waren natürlich schockiert, sie haben mir dann jede Woche ein Paket mit Lebensmitteln geschickt, vor allem mit italienischen Keksen und Süßigkeiten – das machen sie bis heute, obwohl mir auch das deutsche Essen mittlerweile gut schmeckt.

Wie geht es dir inzwischen in Hamburg?

Ich fühle mich in Hamburg sehr wohl, die Stadt ist wie mein zweites Zuhause und ich lebe gern im Ballettinternat. Sonntags gehe ich in die Kirche, ich habe nämlich eine italienische Gemeinde gefunden und kann den Gottesdienst auf Italienisch besuchen. Dort habe ich viele Menschen kennengelernt, die mich offen und herzlich aufgenommen haben.

> Im ersten Jahr habe ich meine Eltern einmal im Monat gesehen, entweder sind sie nach Hamburg gekommen oder ich bin in den Ferien nach Hause gefahren.

Da habe ich dann auch immer meine vier sehr engen Freundinnen besucht, die ich kenne, seitdem ich drei Jahre alt bin. Ich war dann immer sehr traurig, wenn ich wieder fahren musste. Deshalb war es für mich leichter, wenn meine Eltern nach Hamburg kamen. In den Ferien fahre ich aber jetzt trotzdem nach Hause, also in den Herbst-, Weihnachts-, März- und Sommerferien, und dazwischen habe ich kaum noch Heimweh.

Du wohnst im Ballettinternat, gemeinsam mit 33 anderen Kindern und Jugendlichen aus verschiedenen Ländern. Wie sieht ein typischer Tag bei dir aus?

Ich stehe morgens um 7 Uhr auf, frühstücke im Internat und gehe dann meist zu Fuß zur Schule. Zweimal in der Woche habe ich sehr lange Schule, bis 16 Uhr. Deshalb ist der Ballettunterricht an diesen Tagen dann auch sehr spät, von 18 bis 20 Uhr, dazwischen habe ich wenig Freizeit. An anderen Tagen habe ich kürzer Schule, zum Beispiel mittwochs nur bis 13.30 Uhr. Da ist dann bis zum Ballett am Abend noch Zeit für Hausaufgaben und ein bisschen Entspannen. Auch samstagvormittags haben wir Ballettunterricht, wenn wir für einen Auftritt proben, wie momentan für eine Schulaufführung, dann oft auch den ganzen Tag. Aber normalerweise ist der Samstagnachmittag meine Zeit für Verabredungen oder

Ich liebe es, allein zu tanzen.

Shopping-Bummel mit meinen Freundinnen. Sonntags können wir ausschlafen, da brunchen wir um 11 Uhr alle zusammen im Internat. Ich bin allerdings katholisch und gehe sonntags meist in die Kirche. Dann stoße ich zum Brunch etwas später dazu.

Am meisten Spaß macht mir das Fach Variation, das wir einmal die Woche haben.

Wir lernen dort Rollen, die sonst Solisten tanzen, zum Beispiel aus »Giselle« oder »Der blaue Vogel«, und ich liebe es, allein zu tanzen und mit den Lehrern an meiner Interpretation zu arbeiten.

Du besuchst in Hamburg das Gymnasium, deine Mitschüler machen kein Ballett. Hast du das Gefühl, dass du dich von deinen Klassenkameraden unterscheidest?
Ich besuche die 10. Klasse der Europaschule Gymnasium Hamm in Hamburg. In meiner Klasse sind wir nur sechs Mädchen, der Rest sind alles Jungs. Das war am Anfang irgendwie komisch, aber dann haben wir uns daran gewöhnt und finden es jetzt sogar ganz lustig. In meine Klasse gehen noch zwei andere Mädchen aus dem Internat, Rebecca aus München und Viviana aus Italien. Wir beide sind aber nicht die einzigen, die nicht aus Deutschland kommen, die meisten in meiner Klasse haben Eltern aus anderen Ländern oder sind selbst nicht in Deutschland geboren. Wir sind ja eine Europaschule.

Die anderen aus meiner Klasse, die kein Ballett machen, haben mehr Freizeit. Sie wissen manchmal nicht, was sie am Nachmittag noch machen werden. Das gibt es bei uns Ballettschülern nicht, unser Tag ist viel organisierter. Ich möchte aber nicht mit ihnen tauschen, denn ich darf das machen, was ich liebe.

Hast du schon einmal einen richtig schlimmen Rückschlag erlebt?
Eine richtig schlimme Verletzung oder Ähnliches hatte ich noch nicht. Natürlich habe ich mal Rückenschmerzen oder so etwas, aber das ist normal. Am Anfang hatte ich Prüfungsangst, aber mitt-

lerweile bin ich routiniert darin. Ich habe einen starken Willen, Aufhören ist für mich keine Option.

Auf der Bühne fühle ich mich frei und froh.

Ich schäme mich überhaupt nicht, vor anderen Menschen zu tanzen, während ich, wenn ich meine Stimme benutzen müsste, wahrscheinlich keinen Ton rausbringen würde. Mein erster großer Auftritt war im Jahr 2012 auf der Bühne der Hamburgischen Staatsoper. Bei der Vorstellung »Erste Schritte« hat sich die ganze Ballettschule des »Hamburg Ballett« präsentiert. Ich war ein Känguru in der Choreografie »Karneval der Tiere« von Demis Volpi, einem jungen Choreografen aus Stuttgart. In den Saal der Staatsoper passen über 1.600 Leute. Es hat so viel Spaß gemacht, auf so einer großen Bühne vor Publikum zu tanzen! Das will ich gern immer und immer wieder fühlen und es motiviert mich weiterzumachen.

Möchtest du professionelle Balletttänzerin werden? Und kannst du dir ein Leben ohne Tanz vorstellen, falls es nicht klappt?
Ich möchte auf jeden Fall eine professionelle Balletttänzerin werden. Zurzeit besuche ich die sechste Ballettklasse und die zehnte Klasse des Gymnasiums. Beim Ballett liegen noch die beiden Berufsklassen, genannt Theaterklassen, vor mir, also die siebte und achte Klasse. Diese werden eigentlich in Vollzeit absolviert. Viele beenden die normale Schule deshalb nach der zehnten Klasse. Ich möchte aber gern Abitur machen, deshalb kann es sein, dass ich die siebte Ballettklasse wiederhole, damit ich nicht die letzte Ballettklasse und die letzte Schulklasse parallel machen muss.

Mir ist es wichtig, das Abitur zu haben, falls es aus irgendeinem Grund nicht mit dem Ballett als Beruf klappt oder falls ich gern später einmal an einer Universität studieren möchte.

Wenn ich nicht Ballett tanzen würde, würde ich trotzdem irgendetwas Künstlerisches machen, Malen oder Musik zum Beispiel.

Hast du Vorbilder?
Ich bewundere alle Ersten Solistinnen und Solisten des »Hamburg Ballett«. Mein Lieblingsballett von John Neumeier ist »Die kleine Meerjungfrau«. Ich bewundere Silvia Azzoni, die ja auch Italienerin ist, dafür, wie sie mühelos mit der Flosse tanzt und die Rolle interpretiert. Ich liebe auch »Die Kameliendame« mit Silvia Azzoni oder Hélène Bouchet. Es ist immer wieder anders, jede hat ihre eigene Art, die Hauptrolle der Marguerite zu tanzen, und alle sind auf ihre Weise besonders! Gerade freue ich mich sehr auf einen Sommerkurs in Toronto. Nur vier Schüler der Ballettschule wurden dafür ausgewählt. Zwei Wochen lang dürfen wir dort in den Sommerferien trainieren – mit Ballettschülern aus aller Welt, das wird bestimmt toll!

Carlotta Pini, 17, besucht die Ballettschule des »Hamburg Ballett – John Neumeier«. Sie träumt von einer Karriere als professionelle Tänzerin und ist für ihren großen Wunsch aus ihrem Heimatland Italien nach Hamburg ins Ballettinternat gezogen. Hier fühlt sie sich mittlerweile schon wie zu Hause.

Die Kunst, deinen eigenen Weg zu gehen

Ben erfindet seinen eigenen Beruf

Hey du,

ich bin Ben, Education-Hacker und Bildungskämpfer. Was das heißt und wie ich dazu gekommen bin? Meine Geschichte in Kurzform: Eigentlich war ich auf dem Karrieretrip. Das »High Potential« meiner Familie. Ich war in allem gut, was ich so machte: Sport, Schule, Musik. Aber irgendwann habe ich gemerkt: Ich weiß noch gar nicht, was ich wirklich will. Ich hatte keine wirkliche Begeisterung für das, was ich tue – kein Leuchten in den Augen. Daraufhin habe ich mein Leben um 180 Grad geändert.

Heute setze ich mich für individuelle Bildung ein. Ich helfe jungen Menschen, »ihr Ding« zu finden und ihr volles Potenzial zu leben.

Ich will deine Augen funkeln sehen – das ist meine Mission. Zu meiner Schulzeit war ich stets ein sehr konformer und guter Schüler. Beim Abitur war ich unter den besten fünf meines Jahrgangs. Ich wollte »berühmt« und »erfolgreich« werden. Das war mein Plan. Ich wollte unbedingt einen angesehenen Beruf ergreifen und einmal viel Geld verdienen. Ich wollte meine Eltern stolz machen. Mein Dad ist Jurist – also schmiedete ich den Plan, Anwalt zu werden. Denn als Anwalt, so dachte ich, kann ich meine Talente (ich kann ganz gut analytisch denken und bin gut in Sprachen) gut einsetzen und viel Geld verdienen.

Der Weg der anderen

Also ging ich an eine sehr gute Privatuni für Jura und bekam noch ein Stipendium der Studienstiftung obendrauf. Das fühlte sich erst einmal alles sehr gut und cool an. Ich durfte Menschen wie Peer Steinbrück oder Gerhard Schröder persönlich treffen und hatte die Möglichkeit, bei Audi und in großen Kanzleien Praktika zu machen. Trotzdem merkte ich relativ schnell, dass ich mit meinem Jurastudium nicht glücklich werden würde. Ich bin einfach ein kreativer Querdenker und lasse mich ungern in ein System stecken.

Querdenken

Was ich erst nach und nach verstanden habe: Das Bildungssystem, wie es heute existiert, ist nicht dazu geschaffen, dir zu helfen, deine individuellen Stärken herauszufinden. Stattdessen werden alle gleich gemacht.

Wir werden vollgestopft mit »Wissen«, bis wir gar nicht mehr lernen wollen und vergessen haben, was uns eigentlich interessiert.

Unsere natürliche Neugierde geht verloren und wir müssen sie erst wiederfinden. Nur wenn du dich für eine Sache begeisterst, machst du sie auch gut. Und du lernst schnell dazu.

Vieles von dem, was du an der Uni lernst, wirst du später nie brauchen. Unsere Universitätslandschaft ist vor allem darauf ausgelegt, Wissenschaftler und fachliche Profis auszubilden. Ich kann dir nur ans Herz legen, auch deine Persönlichkeit weiterzuentwickeln. Mach Projekte, engagiere dich für Dinge, die dich faszinieren. Nimm dir Zeit für dich und deine persönliche Entwicklung – und lass dir von niemandem »Du musst aber …« oder »Du kannst doch nicht …« sagen.

Ich hatte damals also das Gefühl, dass ich etwas ändern musste. Ich merkte, dass es mir nicht gut ging – und meine Freunde merkten das auch. Also ging ich für ein Jahr ins Ausland und absolvierte in Nicaragua einen Freiwilligendienst. Dort habe ich viel mit Kindern gearbeitet und durfte eigene Verantwortung in meinem Projekt übernehmen. Mein Aufenthalt in Nicaragua hat mich viel gelehrt. Ich habe dort in meinem Projekt Englisch und Gitarre unterrichtet, einen Jonglierkurs gegeben, Tischtennistraining angeboten und Fußball mit den Kindern vor Ort gespielt. Und im Anschluss packte ich meinen Rucksack und reiste zweieinhalb Monate auf eigene Faust durch Südamerika.

Endlich hatte ich Zeit, mich mit mir auseinanderzusetzen. Ich hatte Zeit, fernab von meinen Eltern darüber zu grübeln, was mich wirklich begeistert und was ich wirklich mit meinem Leben machen möchte.

Neue Ideen

Ich hatte die Freiheit, mich komplett neu zu erfinden. Auf meiner Reise traf ich so viele tolle Menschen, dass diese Zeit zu der bislang besten meines Lebens wurde – ein wahres Abenteuer.

In Nicaragua und auf meiner Reise fand ich mehr und mehr heraus, dass ich eigene Projekte starten und mein eigener Chef sein wollte. Also organisierte ich mir ein Praktikum in Berlin. Meine erste Aufgabe bestand darin, einen Blog aufzubauen. Und den Rest der Zeit durfte ich eigene Geschäftsideen testen und bekam dabei Unterstützung von meinen Mentoren.

So lernte ich nach und nach immer mehr darüber, wie ich eigene Ideen umsetzen und damit auch Geld verdienen kann.

Ich testete eigene Geschäftsideen, gründete einen eigenen Workshop und probierte viele Dinge aus.

Einige funktionierten, andere nicht. Aber bei jedem Projekt lernte ich etwas Neues dazu und entwickelte mich stets weiter.

Ich merkte schnell, dass ich eine sehr romantische Vorstellung davon hatte, ein eigenes Unternehmen aufzubauen. Ich stellte mir das alles easy-peasy vor. Ist es aber nicht – und das ist auch gut so. Um als Unternehmer oder Selbstständiger erfolgreich zu werden, muss ich stets aufs Neue meine Komfortzone verlassen. Ich muss offen sein für Neues, dazulernen und bereit sein, auch Fehler zu machen.

Vor allem aber habe ich in den letzten drei Jahren eines gelernt: Es ist meine Aufgabe, herauszufinden, was mich begeistert. Es steht ganz in meiner Verantwortung, das zu finden, was mir wirklich Bock macht, was mich erfüllt. Und es dann auch zu tun.

Das ist nicht immer einfach. Meine Eltern und Freunde hatten und haben teilweise eine sehr andere Vorstellung von meinem Lebensweg und meiner »Karriere«. Mit der Zeit habe ich gelernt, mit den Widerständen umzugehen und mein eigenes Ding zu machen. Das ist eine echt große Herausforderung – jeden Tag.

Einer meiner obersten Grundwerte ist Freiheit. Ich will frei sein, frei lernen und möglichst dann reisen, wenn ich reisen will.

Und das kann ich beim Bloggen. Bloggen hatte mich ohnehin bereits interessiert. Ich fand es einfach genial, dass ich mit meinen Texten schnell viele Tausende Menschen erreichen konnte. »Bloggen kann ich von überall«, wurde mir irgendwann bewusst.

Ich habe durch das Bloggen gelernt, dass es sehr viel mehr auf Kooperation statt auf Konkurrenz ankommt – ganz anders, als es uns das klassische Bildungssystem vormacht. Ich habe gesehen, dass ich andere inspirieren kann, indem ich meine Geschichte erzähle. Ja, ich habe wahrscheinlich zum ersten Mal wirklich erkannt, dass ich etwas zu sagen habe.

Irgendwann schoss mir durch den Kopf: Wow, es gibt so viele junge Menschen da draußen, die ähnliche Sorgen haben wie ich.

Ich stellte
mir das alles
easy-peasy vor.

Junge Menschen, die ihr eigenes Ding machen wollen, aber gefangen sind in den Vorstellungen ihrer Eltern. Oder junge Menschen, die einfach nicht wissen, wo sie anfangen sollen.

Ich möchte dir und diesen jungen Menschen helfen. Dabei geht es zuallererst darum, ein Gefühl zu bekommen für dich und das, was du machen willst. Danach kümmern wir uns dann darum, wie du das umsetzen kannst. Dafür schreibe ich meinen Blog und biete unter anderem auch Workshops und Coachings an.

Ich träume von Bildung, die individuell ist und dir ermöglicht, deine Potenziale zu entfalten und einen Beitrag zur Gesellschaft zu leisten, der dich erfüllt.

Das Coolste daran: Ich habe meinen eigenen Beruf erfunden und kann davon leben – entgegen allen Neinsagern, die mir davon abgeraten haben, meinen eigenen Weg zu gehen. Ich verdiene zwar noch nicht sehr viel, aber es reicht zum Leben. Und ich verdiene mein Geld mit Dingen, die mir wirklich Spaß machen. Vor allem mit Schreiben, mit Workshops und mit Vorträgen, die ich von Zeit zu Zeit halte.

Das hört sich jetzt alles erst einmal ziemlich cool an, kann ich mir vorstellen. Ist es auch. Manchmal. Oder besser: immer öfter. Um ehrlich zu sein:

Es ist sehr herausfordernd und ich zweifle immer wieder an mir. Ich hinterfrage mich oft und weiß aber doch, dass ich auf dem richtigen Weg bin.

Es fühlt sich einfach gut an und ich habe gelernt, meiner Intuition wieder zu vertrauen. Auch wenn ich immer wieder zweifle, wenn mir »Neinsager« von meinem Weg abraten wollen oder mich Menschen fragen, wann ich denn nun auf den »richtigen« Weg komme oder einen »richtigen« Beruf erlernen werde.

Um mit meinen Zweifeln und meinen Ängsten umzugehen, helfen mir vor allem kleine Dinge. Ich frage mich immer wieder, was mich denn eigentlich glücklich macht. Und vor allem auch: Warum? Warum wähle ich genau diesen Weg? Ich kenne meine Antwort auf dieses Warum mittlerweile sehr gut. Ich möchte 100 % meines Potenzials leben, ich möchte Menschen mit meinen Talenten helfen und sie selbst dazu inspirieren, mutig ihren eigenen Weg zu gehen. Auch das ehrliche Feedback meiner Leser hilft mir, strahlende Augen bei Vorträgen und tolle Menschen, die mir Mut machen, wenn es mal nicht so läuft.

Zurück zum »Erfolg«. Denn wie du dich sicher noch erinnerst, wollte ich ja unbedingt »erfolgreich« werden. Heute weiß ich, dass ich auch erfolgreich sein kann, wenn ich nicht Anwalt werde und das große Geld verdiene. Denn was »Erfolg« für dich ist, das bestimmst du selbst.

Zum Beispiel habe ich mir vor Kurzem einen kleinen großen Traum erfüllt: Ich habe einen Vortrag vor über 200 Menschen gehalten.

Ich habe immer davon geträumt, tolle und begeisternde Vorträge zu halten, habe in der Schule aber sicher die langweiligsten Referate gehalten.

Heute weiß ich, dass ich echt gute und begeisternde Vorträge halten kann. Das motiviert mich und erfüllt mich ungemein, weiterzumachen.

Immer weiterträumen

Meine Pläne und Träume sind groß. Und das ist auch gut so. Denn sie motivieren mich stets, weiterzumachen. Ich werde weiterhin bloggen, werde wohl ein Buch schreiben, mehr und mehr Vorträge halten und Workshops geben. Gleichzeitig möchte ich jeden Tag dazulernen. Ich möchte unendlich viele Bücher lesen, noch mehr Sprachen lernen (fünf spreche ich schon mehr oder weniger) und meine persönlichen Grenzen austesten.

Und hey, es gibt heute so viele Möglichkeiten – auch für dich. Zum Beispiel die, deinen eigenen Beruf zu erfinden.

In diesem Sinne wünsche ich dir das Beste auf deinem ganz eigenen Weg in deine Zukunft.

Geh nicht den Weg, den alle von dir erwarten. Hab Vertrauen in dich und geh mutig deinen ganz eigenen Weg und glaube daran, dass du deine Träume selbst verwirklichen kannst.

Alles Liebe, Dein Ben

Ben Paul, 23, lebt in Berlin und der Welt und ist selbstständiger Blogger sowie angehender Redner und Autor. Ben ist »angepisst« von unserem Bildungssystem und kämpft für individuellere Bildung für junge Menschen. In seiner Freizeit liebt er es, zu surfen, Klavier und Gitarre zu spielen, Yoga zu machen und mit offenen Augen durch Berlin zu laufen. www.anti-uni.com

Aufhören

Leanne beschließt, mit dem Schwimmsport aufzuhören

Angenommen, ich gehe mit ein paar Leuten schwimmen – im Meer, im Schwimmbad, in einem See –, und einer kennt meine Vergangenheit als Schwimmerin und erzählt den anderen: »Leanne ist olympische Schwimmerin.« Ich protestiere: »Nein, nein, ich habe nur die Qualifikationsmeisterschaften erreicht, ich bin nicht zu den Olympischen Spielen gefahren.« Doch die Geschichte schwebt im Raum wie ein bunter Ballon – leuchtend und interessant für andere, wehmütig und bloßgestellt für mich.

Auf Nachfrage reicht es meistens, wenn ich sage, ich bin 1988 und 1992 bei den kanadischen Olympia-Qualifikationsmeisterschaften angetreten.

Dass ich einmal, für kurze Zeit, auf Platz acht der kanadischen Bestenliste stand. Ich erkläre, dass man, um zur Olympiade zu fahren, bei der Qualifikation Erster oder Zweiter werden müsse. Und dann bricht das Gespräch ab. Nachdem wir ein bisschen herumgeplanscht haben, waten wir ins flache Wasser oder stemmen uns auf das Boot oder den Steg, und das Gespräch wendet sich dem Essen oder dem Treiben anderer Leute zu.

Ich habe keine lebhaften Erinnerungen an die Qualifikationsmeisterschaften oder an das Gewinnen von Medaillen; ich erinnere mich kaum daran, wie ich zum ersten Mal aufhörte, 1989, oder wie ich es Mitch, meinem Trainer, sagte. Es war wohl nach einem Abendtraining. In der Schwimmhalle, als die anderen schon in den Umkleiden waren. Wahrscheinlich stand ich da im Badeanzug mit meinem Matchbeutel in der Hand. Er sagte etwas wie: »Was gibt's?« Und dann sagte ich es ihm. Sagte, dass meine Familie aufs Land zog, dass ich wegen des Schwimmtrainings nicht bei einer anderen Familie wohnen wolle – deshalb, sagte ich, hätte ich beschlossen, aufzuhören.

Vielleicht sagte ich es ihm auch, während ich mir die Knie eiste. Freistil-, Rücken- und Schmetterlingsschwimmer haben meistens Probleme mit den Schultern, Brustschwimmer haben oft Knieprobleme, und es wird ihnen geraten, sich die Knie regelmäßig mit Eis zu kühlen und täglich 800 mg Aspirin zu schlucken.

Nach den meisten Traininigs und Wettkämpfen saß ich mit einem Styroporbecher mit gefrorenem Wasser auf der Tribüne und ließ die Eisfläche über die Innenseiten meiner Knie kreisen, bis sie leuchtend pink wurden und alles Gefühl verloren.

Den Becher schälte ich am Rand ab, damit das Styropor auf der tauben Haut nicht quietschte. Das Eis wurde ganz glatt, schmolz sich in Form.

An das Gespräch kann ich mich nicht erinnern. Ich weiß noch, wie ich am nächsten Morgen mit Dawn, der Kotrainerin, sprach. Mitch war nicht da. Wir saßen auf zwei Plastikklappstühlen am Beckenrand und sahen dem Team beim Training zu. Dawn sagte mir, dass Mitch wütend sei. Sie fragte mich, was ich vorhätte. Ich glaube, ich sagte, ich wolle Klavier lernen und Kunst studieren, auch wenn ich wusste, dass sie es nicht verstehen würde. Vielleicht verstand ich es selbst nicht. Ich erinnere mich, wie ich den Schwimmern im Wasser zusah, die gerade mit dem anstrengenden Hauptteil des Trainings begannen, und dachte: Ich habe die Grenze überschritten. Ich muss das nicht mehr tun. Ich erinnere mich, dass ich dasaß und erleichtert war.

Einmal hatte Mitch zu mir gesagt: »Aus dir wird eine tolle Schwimmerin.« Dawn sagte: »Mitch will nicht mir dir reden.«

Wenn du Schwimmer bist, stehen die Trainer über dir, auf einem Podest. Du schaust zu ihnen auf, stehst verwundbar, nackt und nass vor ihnen. Trainer sehen dich schwach, sie laugen dich aus,

Ich war nicht die Beste; ich war relativ schnell.

sie haben dein Vertrauen, du tust, was sie sagen. Sie sind für dich Vormund, Vater, Mutter, Chef, Mentor, Wärter, Arzt, Therapeut und Lehrer. Es brach mir das Herz.

Mein Großvater war Bomberpilot im Zweiten Weltkrieg. Auch wenn er weit über achtzig wurde, sehe ich ihn immer als den jungen Mann auf dem Foto vor mir, auf dem er in Fliegeranzug und Schutzbrille grinsend neben einer B-25 Mitchell steht. Wenn ich an meine Mutter denke, sehe ich einen Schnappschuss von ihr, aufgenommen ungefähr 1983, wie sie in ihrer Arbeitskleidung auf dem Bett sitzt: Seidenbluse, Hose, lange Kette, lächelnd. Wenn ich an meinen Vater denke, steht er im Esszimmer, klatscht in die Hände und singt »The Gambler« von Kenny Rogers mit. Das Standardbild von mir selbst ist dieses Foto: Ich, zehn, stehe in einem blauen Badeanzug neben der Leiter im Cawthra-Park-Schwimmbad, die Knie zusammengedrückt, außer Atem.

Ich habe mich, insgeheim und abstrakt, über meine kurzen, intensiven Jahre als Sportlerin, als Schwimmerin definiert. Damals habe ich fünf bis sechs Stunden täglich trainiert, sechs Tage die Woche, und dazwischen so viel wie möglich gegessen und geschlafen. An den Wochenenden habe ich entweder trainiert oder an Wettkämpfen teilgenommen. Ich war nicht die Beste; ich war relativ schnell.

Ich trainierte, aß, reiste und duschte mit den Besten des Landes, aber ich war nicht die Beste; ich war ziemlich gut.

Mir gefiel, wie hart das Schwimmen auf diesem Niveau war – dass ich etwas Schwieriges und Ungewöhnliches leistete. Mir gefiel, dass meine Disziplin anerkannt war, respektiert wurde – auch wenn ich nicht immer das Richtige sagte, mich als Außenseiter fühlte, gab es etwas, worin ich gut war. Ich wollte glauben, dass ich begabt war; meine Schnelligkeit war der Beweis dafür. Obwohl ich gern Wettkämpfe schwamm, war es nicht die Aussicht, die Schnellste zu sein, die Nummer eins, oder zur Olympiade zu fahren, die mich motivierte.

Noch heute träume ich vom Training, von Wettkämpfen, von Trainern und schemenhaften Konkurrenten. Schwimmbäder ziehen mich an, alle Schwimmbäder, egal, wie klein oder trüb sie sind. Wenn ich heute schwimme, steige ich ins Wasser, als würde ich unbewusst eine alte Narbe berühren. Die Bahnen, die ich in meiner Freizeit ziehe, sind die Geister vergangener Wettkämpfe.

Leanne Shapton, geboren 1974 in Toronto, ist Autorin, Illustratorin und Verlegerin. Sie war Leistungsschwimmerin und verfasste das Buch »Bahnen ziehen«, aus dem dieser Auszug stammt.

Bildquellen

Textnachweis

Martin Dreyer (Hrsg.)

Woran glaube ich?

Ganz persönliche Antworten zu Glaube und Religion

Gebunden, 240 Seiten (75356), *ab 14*

Die Schauspielerin Jasmin Tabatabai denkt bei Glauben immer zugleich an Aberglauben, während Eckart von Hirschhausen sich fragt, ob es etwas so Monströses braucht wie einen Dom, um zu glauben. Die 19-jährige Laura findet Glauben zwar interessant, dennoch ist sie nicht gläubig, während die 16-jährige Enise ihre religiöse Überzeugung trotz aller Anfeindungen in der Schule offen zur Schau trägt. In rund 30 Texten und Interviews erzählen Jugendliche und Erwachsene, Prominente und Nichtprominente, Christen, Muslime, Juden und Buddhisten von etwas ganz Persönlichem: Woran sie glauben.

»Das Buch ist ein Appell an Jugendliche: Jeder, der sich auf die Suche nach Gott begibt, wird zu mehr Gewissheit gelangen – über sich selbst und über seinen Platz in der Welt.« *Eselsohr*

www.beltz.de

Meike Blatzheim / Beatrice Wallis

Jetzt tu ich was

Von der Lust, die Welt zu verändern

Broschiert, 200 Seiten, Gulliver (74489), *ab 14*

Johannes leitet eine Jugendrotkreuz-Gruppe, Felix gründet eine weltweit agierenden Klimaschutzorganisation, die Sängerin Dota Kehr schreibt gesellschaftskritische Songtexte, während Carina, Monia und Mayleen sich für misshandelte Tiere einsetzen. Es gibt so vieles, für das es sich lohnt, aktiv zu werden. Ob bei Greenpeace oder Amnesty International, ob mit einem Freiwilligen Sozialen Jahr oder einer selbstgegründeten Stiftung, ob mit Liedern oder Lesungen – unzählige Menschen setzen sich für das ein, was ihnen am Herzen liegt. So unterschiedlich ihr Engagement auch ist, eines ist allen gemeinsam: der Wille, die Welt aktiv mitzugestalten.

»So viel Engagement steckt an!« *NZZ am Sonntag*

www.beltz.de

Sonja Eismann / Chris Köver

Mach's selbst!

Do it yourself für Mädchen

Gebunden, 160 Seiten (75363), *ab 14*

Ein unkonventionelles, überraschendes Buch für Mädchen,
in dem sich alles ums Selbermachen dreht. Einen Gemüsegarten
anlegen, eine Anlage anschließen, das Fahrrad flicken, Löcher
stopfen, einen Blog ins Netz stellen, … Man muss nicht alles
können, aber es schadet nichts, sich auszukennen! Häufig braucht
man dafür nur eine Anleitung und die Aufforderung, einfach
loszulegen – beides findet sich in diesem Buch.

»Langeweile ist bei der breiten Themenvielfalt in jedem Fall ausge-
schlossen.« *lizzynet.de*

»Lauter coole und gute, kreative und clevere Ideen und
Anleitungen zum Selbermachen!« *Bravo*

www.beltz.de

Henning Boëtius / Christa Hein

Die ganze Welt in einem Satz

Sprach- und Schreibwerkstatt für junge Dichter

Mit Illustrationen von Karoline Kehr
Broschiert, 216 Seiten, Gulliver (74397), *ab 12*

Welche Wörter klingen und welche nicht? Wie gewinnen Sätze an Tempo und wozu dient eine Metapher? Wie beginne ich eine Geschichte? Fragen, Spiele und Aufgaben fordern dazu auf, die Vielfalt der Sprache zu erforschen und zugleich in die Welt hinauszugehen, zu lauschen, zu beobachten, zu riechen, denn: Nur wer etwas erlebt, hat auch etwas zu erzählen!

»Ein wahres Zauberbuch, das Wörter zum Laufen, Hüpfen und Singen bringt.« *Donaukurier*

www.beltz.de